El arte de cuidarte

El arte de cuidarte

Descubre las herramientas de tu felicidad

Gio Zararri

VERGARA

Papel certificado por el Forest Stewardship Council®

MIXTO
Papel procedente de
fuentes responsables
FSC® C117695

Penguin
Random House
Grupo Editorial

Primera edición: mayo de 2020
Cuarta reimpresión: febrero de 2022

© 2020, Gio Zararri
© 2020, Penguin Random House Grupo Editorial, S. A. U.
Travessera de Gràcia, 47-49. 08021 Barcelona

Printed in Spain - Impreso en España

ISBN: 978-84-18045-16-5
Depósito legal: B-4.253-2020

Compuesto en M. I. Maquetación, S. L.

Impreso en Prodigitalk, S. L.

VE 45165

A mi felicidad

A ese niño que vive en mí

Gracias por recordarme siempre quién soy y qué es aquello
que realmente necesito

A mis padres Marisol y Jesús Mari

Gracias por protegerme y darme amor incluso cuando la vida
devolvía tristeza

A mis hermanos María, Ainhoa y Berni

Gracias por ser siempre «todos para uno y uno para todos»

Y a mi Victoria

Gracias por demostrar con hechos lo que he intentado reflejar
aquí en palabras
Gracias por ayudarme a hacer reales mis más deseados sueños
Gracias por ese amor que me hace agradecer y sonreír a cada
nuevo día

Espero cuidarte y encontrarte siempre en los primeros
párrafos de la historia de mi vida

ÍNDICE

INTRODUCCIÓN

Amarse a uno mismo es el inicio de una
aventura que dura toda la vida.

OSCAR WILDE

¿Quieres sacar el mayor provecho a esta experiencia
que es la vida? ¿Te gustaría ganar en salud y bienestar de
un modo sencillo y eficaz? ¿Estás dispuesto a aprender
cómo mantener a raya el sufrimiento, convertirte en tu
mejor aliado, y poder ayudar a que lo hagan también tus
seres queridos?

Seguro que tu respuesta ha sido un enorme «Sí», una
afirmación que no solo te recuerda que estás vivo sino
también que buscas el objetivo de todo ser humano, disfrutar de la felicidad.

Todos deseamos tener una vida sin dolor ni sufrimiento, y por ello muchas veces vivimos con el temor de
padecer enfermedades o problemas emocionales. No somos conscientes, pero temer a la vida es un planteamien-

to erróneo, ya que, si aprendemos a cuidarnos, buena parte de eso que en ocasiones dejamos en manos del destino dependerá de nosotros, y así dejaremos de preocuparnos.

En *El arte de cuidarte* descubrirás un manual contrastado con la ciencia y con años de experiencia, que te ofrece las mejores herramientas para alejar el sufrimiento y desarrollar tus mejores capacidades.

Si estás dispuesto a trabajar en ti, pronto vas a obtener los mayores beneficios de esta experiencia.

Reconocemos y damos forma a nuestra realidad a través de nuestras emociones, un conjunto de sensaciones que nos ayuda a percibir las experiencias vividas y actuar en consecuencia.

Tanto la alegría como la tristeza, el miedo e incluso la ansiedad, son emociones que dan sentido a nuestra vida, herramientas necesarias para que tú y yo, e incluso tu mascota si la tienes, podamos sobrevivir y, lo que es más importante aún, aprender a vivir. Son sensaciones que, desgraciadamente, pueden provocar también un trastorno si no son gestionadas correctamente.

Es por ello que los niveles de estrés elevados, una forma de ser temerosa o hipocondríaca, el descuido personal, los cambios hormonales, o el estar expuestos a situaciones que hacen tambalear nuestra vida, pueden activar la ansiedad y enfermarnos; del mismo modo que la tristeza o un sentimiento de culpa constantes pueden derivar en una depresión. Es importante conocer, reconocer y saber tratar estas dificultades y enfermedades tan habituales en nuestros días.

La vida supone disfrutar de momentos agradables, pero también afrontar los problemas. Este libro te ayudará a conocer cómo funciona el sufrimiento y cuáles son las mejores herramientas para afrontarlo y disfrutar del presente en condiciones óptimas.

En *El arte de cuidarte* podrás conocer algunos de los experimentos más sorprendentes de la historia, estudios que demuestran cómo un sencillo cambio en tus gestos puede hacer que te sientas mejor, los motivos por los que el amor es un extraordinario antídoto para el dolor y la ansiedad, o cómo el buen descanso y la meditación pueden ayudarte a vivir mejor y durante más años.

Estos y muchos otros beneficios y herramientas te harán comprender que cuidándote no solo mantendrás a raya el dolor, sino que podrás desarrollar habilidades que te ayuden a hacer reales muchos de tus sueños.

Para que puedas disfrutar de esta experiencia de un modo sencillo y agradable, he dividido el libro en tres secciones.

En la primera sección, llamada «Conocimiento», explico cómo funciona, cómo nace y se mantiene un trastorno emocional. Abordaré con detalle la ansiedad, que no solo la he estudiado durante años sino que también la he padecido personalmente. Según estudios científicos, una de cada tres personas la sufre o la sufrirá a lo largo de su vida.

Ya sea para que puedas prevenirla, para que reacciones y actúes ante ella, para que comprendas lo que puede sentir o necesitar un ser querido que la sufra, o simplemente por la similitud entre esta y cualquier otra dificultad emocional, creo que sería estupendo que profundizaras junto a mí en una de las mayores epidemias del siglo.

Una vez que entiendas mejor cómo funcionas y el poco control racional que tenemos a veces sobre este tipo de problemas, en la sección «Habilidades» te mostraré las mejores herramientas para combatir un trastorno de ansiedad, reducir nuestros niveles de estrés, mantener el equilibrio del cuerpo y de la mente, ser más positivos y eficientes, y conseguir activar nuestro particular «modo relajación» cuando lo necesitemos, un mecanismo con el que todos contamos y que nos ayuda a estabilizarnos para tener el control de nuestra vida y vencer las dificultades.

Como necesitarás cultivar y mantener tu voluntad para poner en práctica lo aprendido, en la tercera sección, titulada «Actitud», te mostraré cómo puedes sacar a la luz este increíble poder siempre que lo necesites.

Y para que todo sea más sencillo y divertido, en las últimas páginas encontrarás un pequeño «Diario», donde podrás plasmar cómo llevas a cabo las acciones que más te interesan, evaluarlas, registrar cómo hacen que te sientas, apuntar premios, dificultades o sensaciones, e incluso indicar el modo en que este arte de cuidarte influye en tu felicidad.

Espero que estas páginas te hagan sentir que, con tu acción, solo existe un artista para esa obra de arte que, si quieres y trabajas en ello, puede ser tu vida.

Nota importante: Del mismo modo que si el cuerpo falla sería una inconsciencia no acudir al médico o hacer rehabilitación, si te está afectando un trastorno o una dificultad complicada de gestionar, no lo dudes, buscar ayuda es la más sabia elección.

Ten en cuenta que este libro no sustituye la terapia, aunque sí puede convertirse en uno de tus más importantes apoyos. Si estás en tratamiento te recomiendo preguntar a tu médico cuáles entre las acciones que aquí encontrarás se adaptan mejor a tu situación y puedes empezar a poner en práctica.

CÓMO SACAR EL MÁXIMO PARTIDO A ESTE LIBRO

Te felicito por estar leyendo *El arte de cuidarte* ya que no solo has comprendido que buena parte de tu felicidad es responsabilidad tuya, sino que has decidido ponerte manos a la obra. Por todo ello, espero que las próximas páginas te ayuden a disfrutar más y mejor de esta experiencia que es la vida.

Para intentar que consigas ser un auténtico artista te recomiendo seguir estas sugerencias:

1. Cuando leas este libro, párate a reflexionar y reconocer que lo haces porque te estás cuidando y te quieres, recuerda y admite que eres un luchador, alguien consciente que trabaja por sacar a la luz su verdadera esencia, su mejor versión, ese ser que siempre te ha estado esperando.
2. Te aconsejo repasar, subrayar y anotar esas palabras o frases que puedan ayudarte a mantener una actitud positiva, haciendo que el conocimiento se grabe

en tu memoria. Podrás así empezar a ver el vaso de la vida cada vez más lleno, cambiando tu perspectiva hasta descubrir esa oportunidad que esconde todo problema.

3. Aprendemos haciendo, no pensando, por ello intenta actuar y sentir los beneficios. En la sección «Habilidades» encontrarás acciones que harán que te sientas mejor. Lee esos capítulos con atención, analízalos y trabaja en los ejercicios que más te interesen y tengan que ver contigo.

4. Te recomiendo leer inicialmente el libro sin demasiadas pausas, para hacerte una idea de lo que te aportará. Luego vuelve a leerlo con más detalle eligiendo las habilidades que más te interesan y trabajando en ellas a diario durante las próximas semanas. Te animo a que apuntes en tu «Diario» el modo en que afectan a tu calidad de vida.

5. Anima también a tus seres queridos a trabajar en *El arte de cuidarte*. No olvides que ellos forman parte de tu felicidad y tú de la suya.

Si pones en práctica estos consejos y trabajas en ti, estoy seguro de que comenzarás a sentirte mejor al tiempo que reconoces muchos de los ingredientes que pueden potenciar o mantener el malestar y los problemas, aprendiendo a identificar y responder a todo aquello que pueda desestabilizarte.

Recuerda que al final de este libro dispones de un diario donde podrás practicar con lo aprendido. Espero que te resulte divertido descubrir de esta manera cuáles son tus mejores herramientas, ir diseñando tu propia felicidad y poder comunicársela a las personas que más te importan. Pronto podrás a empezar a **crear tu particular manual de instrucciones para la vida.**

UNA HISTORIA BASADA EN HECHOS REALES

> La vida es una obra teatral en la que lo importante no es cuánto haya durado sino lo bien que haya sido interpretada.
>
> SÉNECA

Antes de empezar voy a contarte una historia bastante triste y, por desgracia, también bastante común. Es la historia de una persona que observaba el mundo como un lugar oscuro y peligroso, una realidad cruel en la que no parecía existir posibilidad de elección. La suerte estaba echada, y de buena parecía no tener nada...

Su protagonista recordaba con nostalgia un pasado lleno de alegría y oportunidades mientras vivía un presente en el que la mala suerte parecía demostrarle que los sueños eran solo imaginaciones inútiles, que debía aceptar las cosas según llegan y disfrutar, como mucho, de las sobras que las «personas afortunadas» han dejado porque no las necesitan.

Es la historia de una persona que desde hacía tiempo vivía en piloto automático, sin esperar mucho del mañana, aceptando tanto a quienes le rodeaban como a las situaciones que se iban sucediendo, que pensaba que poco o nada podía hacer por cambiar su realidad porque todo parecía quedar en manos del destino.

Ahora voy a contarte otra historia, más alegre y tal vez menos común, pero que también es una historia real. Su protagonista observaba la vida como un espacio lleno de extraordinarias oportunidades, una experiencia en la que se podía hacer real cualquier sueño, incluso el de disfrutar de la tan ansiada y, al parecer, escasa felicidad. Confiaba en la vida, en la fortuna e incluso en la alineación planetaria, pero sobre todo comprendía que, mucho de eso que se considera fruto del destino o de la buena suerte, dependía muy directamente de sus propias acciones e intenciones. Sabía que era posible continuar observando el mundo con la ingenuidad de un niño, ya que podía demostrarse a sí mismo, y también a su destino, que la vida no estaba hecha únicamente para aceptarla tal como llegaba.

El personaje de esta historia reconocía que existía una manera más inteligente y sana de vivir: ir en busca de aquello que se desea, ese conjunto de experiencias que dan sentido al hecho de estar vivo. Y así conseguía disfrutar de las mejores compañías y situaciones, y comprendía que era posible hacer realidad algunos deseos que parecían imposibles. Debido a esta actitud, se levantaba cada mañana animado y con energía, daba gracias a la vida y era consciente de que buena parte de su salud física y mental dependía de sus acciones, de aquello que decidía hacer cada nuevo día.

Seguramente has conocido a muchas personas como el protagonista del primer relato y también a otras, tal vez menos, como el del segundo. Quizá en ambas realidades encuentres puntos en común con tu propia existencia, experiencias que marcan la diferencia entre una vida sin sentido —probablemente triste y complicada en la que aceptamos cuanto sucede de manera pasiva— y otra en la que damos sentido al presente, convirtiéndonos en protagonistas de nuestra vida.

Una posibilidad, la de convertirnos en seres que mueven las piezas de su realidad, que siempre ha sido posible.

Ambas realidades al final se unen en una bonita aventura que todavía hoy, y esperemos que durante muchos años más, sigue siendo posible vivirla.

Y es que ambas son la historia de una misma persona, el relato de quien ha escrito esto, mi propia historia.

Yo viví ambas realidades, y, en mi caso, el duelo y el dolor supusieron ese punto de inflexión que me ayudó a abrir los ojos, una dificultad llamada «trastorno de ansiedad», una situación que todo ser humano puede sufrir, en mayor o menor medida, en su vida.

Ante aquel conflicto, solo tenía dos opciones, lamentarme y esperar que fuera la suerte o el tiempo los que cambiaran mi realidad, o luchar y actuar para ser yo quien hiciera que mi universo cambiara. Actuando me daría cuenta de que yo podía cambiar mi presente, yo era capaz de dar forma a mi propia historia.

Cuando comprendí que debía activar la mejor versión de mí mismo, me propuse luchar por mantenerla. Así nacería una práctica diaria que me ayudaría a disfrutar del equilibrio y redirigir mi vida cuando lo necesitase, consiguiendo desarrollar potentes herramientas que me animaran a combatir también las adversidades e incluso a saber prevenirlas y hacer frente a la vida con más seguridad y alegría.

De esto trata *El arte de cuidarte*, de mostrar que de ti depende que un día puedas contarles a tus nietos, familiares o amigos cómo ha sido tu historia, la historia que tú mismo elegiste protagonizar. Puedes elegir aceptar todo cuanto llegue, o mejor aún, actuar y hacer de ella una maravillosa realidad en la que serás leyenda.

CONOCIMIENTO

El trastorno emocional

No se puede desatar un nudo sin saber cómo está hecho.

Aristóteles

En esta sección profundizaré en cómo funciona el desequilibrio emocional. Una situación en la que son las emociones, su intensidad y frecuencia las que provocan que el cerebro límbico (y no el racional) tome el control de la situación, condicionando y limitando en gran medida nuestra vida.

Profundizaré en el trastorno de ansiedad, pero entenderás que más importante que el tipo de problema en sí es comprender qué es y cómo nace un trastorno, y el modo en que relajándonos podemos recuperar el equilibrio para volver a tomar el control de la situación.

El enemigo silencioso...

> Y así va el mundo. Hay veces en que deseo sinceramente que Noé y su comitiva hubiesen perdido el barco.
>
> Mark Twain

Como sabes, tu vida o la de cualquier ser humano es muy parecida a la trama de una novela, una experiencia con una introducción, un nudo y un desenlace, una realidad en la que todo protagonista busca disfrutar del mismo objetivo, una meta a la que se le ha dado el nombre de «felicidad».

No existen manuales que nos aseguren cuál es el mejor camino para conseguirla, y, además, cada persona es única y lo que a una puede servirle, es probable que a otra no le ayude en absoluto. Por ello no pretendo generalizar ni engañarte con falsas esperanzas, sino ayudarte a comprender y escoger las acciones que harán que tu camino sea más fácil y agradable.

Ser feliz es disfrutar de experiencias y, para poder encontrar más instantes alegres, es indispensable vivir en armonía, saber apreciar las cosas buenas, pero también aceptar las complicadas y aprender de ellas. Ser feliz es un arte, y espero que te conviertas en todo un artista.

Antes de indicar lo que puede proporcionarnos alegría, empezaré por lo contrario, identificando algunos elementos de la infelicidad. Realidades como la muerte, la pérdida, la culpa o el sinsentido son ingredientes que pueden derivar en una realidad que se nutre del dolor, la enfermedad mental.

Las estadísticas indican que este tipo de problemas se halla entre las principales causas de visita al médico hoy en día, y entre ellos el estrés, la ansiedad y la depresión son los más comunes.

Nuestro frenético ritmo de vida, el consumismo, la escasa educación emocional, el poco tiempo libre, la insatisfacción personal y profesional, o la manera en que experimentamos los avances tecnológicos, entre otros factores, son un peligroso caldo de cultivo para este tipo de patologías, y lo peor de todo es que no estamos preparados para afrontarlas.

Es muy importante saber cómo funcionan y se desarrollan este tipo de enfermedades, a la vez que aprendemos a conocernos y cuidarnos mejor, cultivando herramientas que nos ayuden a no temer las dificultades.

Todo desequilibrio emocional puede tener sus orígenes en el descuido personal, como en el caso del consumo de drogas, o de la exposición reiterada a emociones que nos afectan, aunque también puede deberse a complicadas experiencias e incluso a cambios hormonales que pueden ocurrir sin motivo aparente, como sucede en la menopausia o la depresión endógena. Esta situación provoca que sea nuestro cerebro emocional y no el racional el que tome el control de la situación, una realidad muy difícil de gestionar ante la que nuestro mundo se tambalea.

Superar estas situaciones requerirá recuperar la estabilidad orgánica mejorando nuestra química, cuidándonos tanto física como emocionalmente y viviendo experiencias positivas a la vez que devolvemos el control a nuestra razón desde la calma, para no seguir dominados por nuestras emociones. Esta necesidad exigirá mucho esfuerzo, conocimiento y voluntad por nuestra parte.

En la actualidad, el ejemplo más extendido de este tipo de patologías es el trastorno de ansiedad, una plaga que según la Organización Mundial de la Salud (OMS), entre otras instituciones, tiende a seguir creciendo debido a nuestro vertiginoso ritmo de vida. Se trata de un problema que cerca de un tercio de la población mundial ha padecido o padecerá en los próximos años.

En las siguientes páginas vas a conocer en detalle cómo se activa esta emoción que limita y condiciona nuestra vida, una realidad que puede parecer peligrosa si no la entendemos, pero que no reviste ningún peligro real si sabemos qué es y cómo funciona. Conocer este trastorno te ayudará a aceptar la necesidad vital que tienes de cuidarte, mientras aprendes también a reconocer cómo surgen este tipo de situaciones y, sobre todo, a tratarlas si ahora te están afectando o si en un futuro se presentan en tu vida.

Si nos hubieran enseñado desde pequeños cómo funcionamos y cuáles son las acciones que nos alejan del dolor y la enfermedad, ¿acaso no hubiéramos mantenido y transmitido este conocimiento en nuestra vida? Por desgracia, hasta hace poco apenas se daba importancia a las emociones, y en buena medida debido a este estigma muchos hemos sufrido o seguimos sufriendo este tipo de problemas.

En el pasado reciente se primaba el conocimiento, la idea de «pienso, luego existo» parecía ser más importante que cualquier otra teoría. Por fortuna poco a poco se va pasando del «pienso, luego existo» a un más interesante «siento, luego existo», que hace primar el sentir y la emoción, dando más importancia a la capacidad de ser y de mostrarse que a esa otra que consiste solo en tener o demostrar.

Pero la experiencia me dice que aún más importante que sentir es ser consciente de aquello que se siente, ya que solo podremos sentirnos vivos si sabemos apreciarlo.

El conocimiento y los pensamientos ayudan a formar ideas y todo ello hace que nos sintamos de una u otra manera, pero no siempre lo llevamos a cabo como deberíamos y aquí nace el problema. Creencias equivocadas o limitantes, duelos o malas experiencias, pueden atraer a nuestra vida situaciones o recuerdos muy difíciles de digerir, más aún dependiendo de la personalidad y genética de cada persona. Es por ello que, para comenzar a trabajar en ese cambio que nos ayude a disfrutar mejor de la vida, el primer paso es aprender a tratar no solo con la alegría sino también con el dolor.

El trastorno de ansiedad, uno de sus mejores ejemplos

> El dolor mental es menos dramático que el dolor físico, pero es más común y también más difícil de soportar.
>
> C. S. Lewis

Desde hace varios años me dedico a investigar cómo funciona la ansiedad y cuáles son las mejores herramientas para prevenirla y contrarrestar sus efectos. Pero no solo la he estudiado, sino que también he pasado por períodos de mayor o menor ansiedad, y he aprendido incluso a reconocerla antes de que se presentara.

En ese sentido, la experiencia me ha enseñado que más importante que reaccionar a un problema cuando llega es comprender cómo funciona y cuáles son sus señales, y aprender a cuidarnos y conocernos mejor, para desarrollar así ese conjunto de herramientas que nos ayudarán no solo a tratar con el dolor si aparece, sino sobre todo a mantenernos alejados de él disfrutando de una vida en buenas condiciones.

La palabra «trastorno» indica que un elemento no funciona como debería. Cuando el problema es mental, nos referimos a un funcionamiento erróneo de nuestra mente que afecta en buena medida a la capacidad para satisfacer las demandas de la vida. Esto provoca cambios psicológicos, físicos y de conducta, que nos limitan y condicionan. Un conflicto que llega a partir de una serie de hechos que lo provocaron, y se mantiene más o menos tiempo, dependiendo del modo en que lo gestionamos.

Si utilizamos esta definición para profundizar en las alteraciones que son más comunes hoy en día, podemos entender que tanto la ansiedad como la depresión tienen una serie de causas que las generan o activan; pero a su vez también existen una serie de acciones y reacciones que pueden ayudarnos a superarlas.

Es bueno comenzar por aceptar que existe una gran diferencia entre estar triste y estar deprimido, o entre estar nervioso y sufrir ansiedad. Las primeras son situaciones puntuales que no tienen por qué permanecer, mientras que la depresión o el desorden ansioso son enfermedades mantenidas en el tiempo, en las que el cerebro emocional toma el control de nuestro presente, limitando nuestro día a día.

Podemos y debemos sentir miedo o tristeza ante ciertas situaciones, pero cuando estas emociones se mantengan y cambien nuestra conducta nacerá esa dificultad conocida como «trastorno», un problema que deberemos tratar. Si lo trasladamos a tu vida, ¿alguna vez has sentido que una situación te sobrepasaba llegando a hacerte complicado controlar tu mente y tus emociones?

Si has sentido ese descontrol en tu modo de gestionar un problema de este tipo y se ha mantenido en el tiempo, podríamos decir que también tú, en mayor o menor medida, has sufrido un trastorno.

La ansiedad, el temor, el estrés mantenido, la rabia o la frustración son factores que, de alimentarlos durante un período de tiempo, activan esta alteración. Es un desorden en el que nuestra mente no funciona como lo hacía, pues mantiene y discute constantemente ideas, preocupaciones o dudas que jamás hubieran existido de no sufrir este problema; un desequilibrio que cambia también el modo en que se comporta nuestro organismo, y activa una respuesta evolutiva que nos prepara para la lucha o la huida; una reacción que acelera nuestro ritmo cardíaco o dilata nuestro iris, entre otros muchos síntomas, y cambia con ello nuestra conducta, sin que exista la necesidad de hacerlo.

Así, esta patología es un mal funcionamiento fruto de una inestabilidad, debido a que una serie de respuestas de tipo físico, psicológico y conductual, destinadas a mantenernos con vida —aunque pueda parecer lo contrario—, hacen de nuestra realidad un espacio lleno de temores que condicionan el día a día.

Y si en la ansiedad las bases están en el miedo y el estrés, en la depresión los factores son la tristeza o la culpa. Cambian las bases y los síntomas, pero el desequilibrio se da tanto en uno como en otro caso, haciendo de nuestro presente un camino muy cuesta arriba.

Como verás a lo largo de este libro, en caso de padecer uno de estos problemas, tan importante como tratarte y atender sus causas será trabajar en ti para devolver a tu organismo a la armonía para dejar de sufrir por un futuro que no existe, o de maldecir el presente añorando lo que ha quedado atrás.

No existe mayor maestra que la experiencia, y en mi caso pronto supe que la sombra de la ansiedad me seguiría muy de cerca ya que, me costase aceptarlo o no, yo era alguien propenso a padecer este trastorno, una propensión que tiene un nombre: «ansiedad rasgo».

Esta situación me llevó a investigar y descubrir elementos como la amígdala, el funcionamiento del sistema nervioso o realidades como la epigenética, un campo de la ciencia que ha descubierto que, aunque la genética pueda predisponernos a padecer este u otro tipo de enfermedades, el hecho de que suceda no se debe a nuestros genes sino a nuestra experiencia y el modo en que nos cuidamos.

Los genes y el ambiente

> Lo que no me mata me fortalece.
>
> NIETZSCHE

¿Te consideras una persona ansiosa, temerosa o nerviosa? ¿Sueles vivir con prisas, revolucionado y dando demasiadas vueltas a las cosas? ¿Temes poder sufrir ansiedad u otros problemas durante el resto de tu vida?

Si has respondido afirmativamente a alguna de las anteriores preguntas, tal vez pronto comprendas y aceptes que puedes ser una persona con un elevado índice de ansiedad rasgo, alguien con más tendencia a sufrir esta enfermedad. Si es así, no te preocupes más de la cuenta, vas a comprender que siempre tendrás el poder de convertir tus debilidades en fortalezas, y disfrutar de una vida más plena «gracias», incluso, a tu ansiedad.

Para ponerte en sintonía antes de entrar en el detalle de este trastorno, a la vez que te expongo un caso totalmente real —el mío— y la necesidad de cuidarte, hablaré de esta predisposición a padecerlo.

Aunque el número de personas con ansiedad crece enormemente debido al entorno estresante y cambiante en que vivimos, también existen personas más predispuestas que otras, y es más normal padecer nuevos episodios de ansiedad si ya la hemos sufrido antes, que en caso contrario. Son muchos los estudios que aseguran que una buena parte de quienes la sufrimos, la hemos heredado genéticamente.

Se puede aceptar que un conjunto de genes hace más probable que podamos sufrir ansiedad, y si a este factor le sumamos otros como los malos hábitos, las drogas, un entorno estresante o una mala gestión emocional, es aún más factible que eso suceda.

Si a lo que ya venimos siendo de fábrica le unimos el tiempo y las situaciones, surge la personalidad, un patrón de pensamientos, sentimientos y conductas que nos hacen ser como somos y actuar como lo hacemos. Surge una personalidad con unos atributos propios y otros adquiridos, un ser formado por cuerpo, mente y ambiente con rasgos bien definidos.

De ahí nace el concepto de «ansiedad rasgo», una característica de la personalidad según la cual hay quienes tienden a reaccionar de forma más ansiosa que otros. Genéticamente puede que nuestro mecanismo de alerta se active con más facilidad y también es posible que nuestro ambiente haya favorecido el hecho de que cada vez nos cueste menos que esto suceda, por ello es tan importante aprender a calmarla cuando surge como modificar esos patrones que hacen que nuestro carácter ansioso prevalezca o empeore.

Por fortuna, podemos utilizar esta circunstancia a nuestro favor reconociendo que, si estamos más predispuestos a padecerla, podremos aprender a tratarla si surge, y también a mejorar el modo en que nos cuidamos, evitando mandar indicadores de peligro a estructuras tan primitivas como la amígdala o el cerebro reptiliano, de las que luego hablaré, ante situaciones que nada tienen de amenazantes.

Si tendemos a ser más nerviosos, podemos reconocerlo y cultivar en nuestra vida virtudes como la paciencia o la calma, y del mismo modo que con la rehabilitación de una articulación podemos conseguir potenciarla al máximo, podremos hacerlo también con algunos rasgos de nuestra personalidad.

Es importante que tengas muy presente que la genética predispone pero no determina. La diferencia está en la experiencia y el ambiente, y no existe una acción más poderosa para protegernos que un cuidado consciente. Cuando algo nos impacta y afecta, seguramente no volveremos a ser los mismos, pero eso no debería implicar convertirnos en alguien más frágil, sino más bien todo lo contrario.

En mi caso, haber sufrido este trastorno me ha convertido en alguien más seguro emocionalmente, ya que al reconocer que —del mismo modo que hay personas más irascibles o melancólicas— yo era una persona más ansiosa, he ido convirtiendo en hábitos el hacer más deporte, evitar las drogas, mantener una actitud positiva o ser más proactivo. De este modo he conseguido ganar en confianza y seguridad y contrarrestar a esa otra parte ansiosa que siempre me acompañará.

En los últimos años la ciencia ha arrojado nuevos descubrimientos que indican que tenemos muchísima más capacidad de moldear nuestra vida de lo que habíamos imaginado. La neuroplasticidad ayuda a comprender que nunca es tarde para poder cambiar, ya que las neuronas y las conexiones neuronales siempre están en constante evolución, al contrario de lo que se pensaba hace pocas décadas.

Y más importante aún respecto a esta realidad de los genes es el descubrimiento de la epigenética, una disciplina médica que asegura que nadie nace predeterminado, en función de sus genes, a padecer ninguna enfermedad mental como la ansiedad, la depresión, la esquizofrenia o el Alzheimer. Es cierto que el ser humano puede nacer con genes mutados que predisponen a sufrir este tipo de complicaciones, pero para que ocurra es necesario que estos genes mutados interactúen a la vez con el ambiente y estilo de vida del individuo.

Como veremos con más detalle en el apartado «Ambiente», la epigenética asegura que, cuidándonos y mejorando nuestro estilo de vida, no solo es posible modificar la expresión de nuestro ADN sino también la expresión génica (el modo en que se manifiestan los genes) de nuestros hijos. Se trata, pues, de una realidad esperanzadora que debería hacernos reflexionar acerca de que una buena razón para cuidarnos es que con ello contribuiremos al bienestar futuro de nuestros seres queridos.

Qué es la ansiedad y cómo funciona

El temor aguza los sentidos. La ansiedad los paraliza.

KURT GOLDSTEIN

En *El fin de la ansiedad* explico que mi principal error a la hora de afrontar el trastorno que sufría fue no querer aceptar en un principio que únicamente padecía ansiedad. Un fallo que me costó caro, ya que investigar otras posibilidades y hacer de médico de mí mismo aumentó tanto la potencia de sus síntomas como su duración y el modo en que me limitaba. Esta situación me ayudó finalmente a aceptarla y entender cuáles eran esos pasos que podían devolverme el equilibrio.

Muchas personas consideran este problema como una especie de maldición que les complica la vida, y muchas otras creen que afrontarla no depende de ellos, o incluso que quizá no desaparecerá nunca. Nadie debe sentirse culpable si este es su caso, ya que seguramente estas personas llevan muchos años, tal vez incluso desde la infancia, conviviendo con la ansiedad, y sin disponer de los recursos o habilidades que podrían haberles demostrado que sufrirla no es una cuestión de mala suerte, y mucho menos un problema sin solución.

A muchas otras personas pudo pillarles por sorpresa manifestándose en alguna de sus formas más complicadas como el trastorno de estrés postraumático, o distintos tipos de fobias, e incluso también habrá quienes, sintiendo que los ansiolíticos ayudaban a calmar algunos de sus síntomas, creyeron que con las pastillas superarían este problema, una solución que, sin embargo, puede hacer mucho más difícil la curación.

Sea cual sea la realidad de cada persona, buena parte de quienes hemos padecido la ansiedad, e incluso la comunidad científica y las organizaciones de salud, podemos demostrar que este trastorno no dura para siempre. Es posible deducir incluso que tratarla puede ayudarnos a cambiar y mejorar muchos aspectos de nuestra vida, convirtiéndonos en personas más fuertes y valiosas, consiguiendo crear una mejor y más acorde versión de nosotros mismos.

Esta debería ser la intención con la que afrontar cualquier problema de este tipo, escuchar al dolor para intentar mejorar y sacar de él una importante lección. Creo que si decidiésemos apreciar el sufrimiento como un desafío que puede hacernos mejores personas, le haríamos frente de una manera mucho más positiva. Si este es tu caso, ¿por qué no intentas considerar tu situación como una oportunidad en vez de un problema?

A nadie le gusta sufrir, por ello es difícil que nadie que haya padecido este trastorno pueda imaginar que el motivo por el que se presenta es en realidad bueno. Pero todos deberíamos entender que, si no existiera la ansiedad, hoy no estarías leyendo este libro ni yo lo habría podido escribir, ya que el ser humano habría dejado de existir hace millones de años.

Lo entenderás mejor si entro en el detalle de la definición de «ansiedad»: emoción universal y adaptativa que sirve para gestionar cualquier amenaza que pueda poner en peligro nuestra vida.

«Emoción universal», es decir, que se da en todo ser humano, y «adaptativa», porque su intención es adaptarnos mejor al medio y sus dificultades. Como ves, no solo es buena sino también indispensable para «sobrevivir».

En mi caso, me costó un tiempo entender que mi problema podía deberse a una simple emoción, pero cuando comprendí que el diagnóstico era «trastorno de ansiedad» y no simplemente «ansiedad», fue más fácil aceptarlo.

Como hemos visto, la palabra «trastorno» indica que algo funciona mal, por lo que, en este caso, se trataría de una mala gestión de esta emoción. Un mal funcionamiento que hace que la ansiedad aparezca sin necesidad, manteniéndose por más tiempo del debido, condicionando y limitando con ello nuestra vida.

Toda emoción provoca cambios «físicos» y también «psicológicos» en quien la padece. El amor puede hacer que sintamos un hormigueo en el estómago, puede ponernos los pelos de punta o hacer que nuestra piel adopte esa textura conocida como «carne de gallina»; todos son síntomas físicos de esta emoción. Psicológicamente también se producen cambios, ya que quien vive enamorado se reconoce en una especie de montaña rusa de emociones, esbozando sonrisas permanentes y actuando de un modo distinto a como lo haría de no estarlo.

El amor, el miedo, el asco o la tristeza, todas son emociones con funciones adaptativas. El amor puede ayudar a mantener un sistema de valores y dar mayor sentido a la experiencia; el miedo, por su parte, favorece que nos cuidemos y alejemos de situaciones peligrosas; e incluso el asco y la tristeza tienen un valor positivo, ya que pueden servir para que valoremos correctamente estímulos o sucesos vividos. Y, aunque cueste creerlo, lo mismo sucede con la ansiedad, que puede considerarse el mecanismo defensivo más evolucionado e importante de que disponemos, un engranaje perfecto que seguramente en alguna ocasión a muchos de nosotros nos ha salvado la vida…

Para explicarlo mejor, la ansiedad puede considerarse un sistema de alerta que todos llevamos instalado «de serie», un mecanismo a través del cual nuestro organismo se prepara para actuar ante una situación de emergencia, en la que podría estar en peligro nuestra vida. Gracias a esta emoción no solo afrontamos situaciones peligrosas, sino también experiencias vitales, como puede ser conseguir trabajo o realizar un examen importante.

Seguramente, recordarás muchas situaciones críticas que la ansiedad te ayudó en gran medida a superar. En mi caso, tuve una experiencia en la que seguramente este mecanismo fue determinante para afrontar un problema que podría haberme costado la vida.

La respuesta ansiosa: huir o luchar

En el invierno de 2013, en una etapa de mi vida en la que sentía necesario conocerme más y mejor, decidí emprender una alocada —aunque también deseada— aventura, viajar en solitario sin rumbo fijo por la India durante más de tres meses.

Era mi primera experiencia de ese estilo, sobre todo solo y en un país tan lejano al mío, y aunque el bloqueo por el miedo me mantuvo ensimismado en un primer momento, muy pronto la magnífica sensación de saborear cada día de un modo mágico y desconocido, hizo que me sintiera capaz de afrontar cualquier situación.

Movido por la necesidad vital de descubrir nuevas realidades, cuando lo consideraba oportuno me desplazaba por ese fantástico país, ya fuese en barco, tren, autobús, avión o camioneta, y en uno de esos trayectos llegué a una preciosa ciudad de la zona del Rajastán, un lugar llamado Púshkar.

La región parecía sacada de los cuentos de *Las mil y una noches*. Estaba saliendo de mi zona de confort y me daba cuenta de que hacerlo me encantaba.

Un día, paseando por la orilla del lago sagrado de Púshkar observé un gracioso macaco en la puerta de uno de los templos que allí se encontraban. Ni corto ni perezoso, me acerqué a pocos metros para fotografiarlo. Pronto comprendí mi grave error. Luego me explicaron que aquel macaco era el macho que custodiaba la seguridad de las hembras y las crías de su manada a las puertas del palacio... Seguramente, también movido por su propia ansiedad, el mono se acercó a mí. Puede que se sintiese en peligro, ya que, ante lo extraño de mi actitud —lo fotografiaba desde distintos ángulos y posiciones—, su sistema de defensa debió de alertarlo y, así, rápidamente, aproximándose a menos de un metro de mí, consideró que la lucha era su mejor opción. Fue entonces cuando alargó su mano hacia mi rostro, soltando una especie de bofetón que para mi fortuna dio contra la cámara de fotos... No lo pensé un instante, de un modo automático e instintivo, en milésimas de segundo, eché a correr.

Y seguí corriendo, sin importarme nada ni nadie, aunque para mi desgracia algo me indicaba que también el mono lo estaba haciendo, ya que no se apartaba de mi sombra...

Había recorrido ya decenas de metros y sentía aún el aliento del mono sobre mí. De un modo totalmente instintivo e instantáneo, de pronto mi pierna se estiró hacia atrás y quiso la suerte que lo golpeara aunque fuera solo ligeramente, en toda la cara...

Tras hacerlo seguí corriendo, pero pronto me di cuenta de que esta vez mi sombra por fin estaba sola...

Parecía que aquel mono había evaluado nuevamente la situación, entendiendo que ya no existía peligro. Tal vez también el golpe le había hecho entender que era del todo inútil luchar.

No me di cuenta entonces pero gracias a Dios, o, mejor dicho, a la ansiedad, el peligro había pasado...

Tras entender que podía estar tranquilo, dejé de correr, me repuse como pude e intenté reflexionar sobre lo que había sucedido. Mi respiración volvió a normalizarse, también lo hicieron los fuertes y velocísimos latidos de mi corazón, e incluso mi consciencia y pensamientos desactivaron esa alarma que había nacido en mí.

Mi organismo volvía a estar en paz, ya que el peligro había pasado, y con ello, la respuesta ansiosa también lo hacía, esa que había desencadenado una fuerte taquicardia, una respiración agitada y la dilatación del iris —entre muchas otras cosas—, una reacción evolutiva con un único propósito: ayudarme a sobrevivir.

No lo entendería entonces pero sí años más tarde, movido por esta necesidad de comprender el trastorno de ansiedad y sus síntomas.

Solemos dar por hecho este tipo de reacciones, pero tiene un fin evolutivo. Si el iris se había dilatado era para poder observar mejor el entorno y descubrir posibilidades de escape o espacios para el ataque. Del mismo modo, el corazón latía más fuerte intentando llevar más sangre a los músculos, así como mi respiración entrecortada les hacía llegar más oxígeno, ya que la carrera o la lucha lo podían necesitar.

Echando la vista atrás podía entender que incluso mi mente se había nublado y no dejaba espacio a nada más allá de la respuesta a aquella amenaza. Ahora puedo darme cuenta de cómo aquel conjunto de síntomas resultó realmente eficiente para reaccionar a aquel peligro.

La ansiedad me había salvado y también lo había hecho con aquel macaco, y tanto él como yo, gracias a esta emoción, tendríamos una divertida anécdota que contar a nuestros seres queridos.

Eso es la ansiedad, un increíble mecanismo que nos defiende o prepara cuando existe una situación de importancia vital, en aquella experiencia fue un mono pero en la vida real puede trasladarse a muchos otros aspectos.

Ante una situación en la que se desencadena este tipo de respuesta, no nos damos cuenta pero nuestro organismo da la voz de alarma y nuestro cerebro de reptil genera esos cambios que nos preparan para la posible acción muscular violenta de ataque o huida. No lo comprendemos lógicamente ya que el cerebro racional tiene poco que ver en este tipo de reacción, pero automáticamente:

- Las funciones pulmonar y cardíaca se aceleran para llevar oxígeno a los músculos.
- Los vasos sanguíneos se contraen en muchas partes del cuerpo, por ello estamos pálidos o sonrojados, o alternamos ambos estados.
- La función estomacal y del intestino se inhibe, ya que no es importante en este momento. Con ello los esfínteres se ven afectados, pudiendo incluso causar una pérdida de control.
- Se inhiben también las glándulas lagrimales y las que producen saliva, así que se nos seca la boca y es raro poder llorar durante un episodio como este.

- E incluso de un modo casi mágico, se dilatan nuestras pupilas para poder observar mejor la situación e incluso llegamos a perder capacidad auditiva. De esta manera solo vemos y oímos lo que nos interesa.

Es como si el mundo hubiera dejado de tener importancia, ya que lo único importante en esos momentos es enfrentarnos a ese mono o peligro que nos amenaza. Más tarde, cuando el peligro pasa, nuestro organismo vuelve a estabilizarse, la ansiedad desaparece y cualquier otro síntoma que tiene aparejado desaparece también. El problema llega cuando una mala gestión de esta emoción nos hace sentir amenazas que no existen ante situaciones cotidianas, como puede ser coger el coche, salir a la calle o hablar en público. Cuando una preocupación alerta a nuestro organismo desatando y manteniendo los complicados síntomas de esta emoción, es cuando podemos hablar de que sufrimos un «trastorno de ansiedad». Entonces es totalmente necesario no solo tratarla sino también comprenderla y entender los motivos que la generaron y hacen que se mantenga.

Cualquier terapia se basa en el conocimiento, en la comprensión del problema y los cambios a realizar. Por ello, para empezar, no hay nada más importante que identificar el problema, aceptarlo y entender cómo funciona, devolver poco a poco el control a la razón para que evalúe la situación en su justa medida.

Los niveles de estrés y el desequilibrio

> Se debería aprender a dejar ir antes de
> aprender a recibir. La vida debe ser tocada
> no estrangulada.
>
> RAY BRADBURY

Cuando sentimos una situación como amenazante sin que realmente lo sea, cuando nuestros niveles de estrés se mantienen hasta sobrepasar un límite, el mecanismo de la ansiedad puede activarse sin necesidad de hacerlo.

Si sufres o has sufrido este tipo de problemas, o conoces a alguien que los padezca, ¿puedes reconocer que en esos períodos existe una amenaza irracional? ¿Sientes que puedes llegar a bloquearte ante situaciones que antes eras capaz de gestionar?

Tanto si este es tu caso como si no, no temas, pronto te ayudaré a entender que el verdadero motivo por el que sufrimos este tipo de complicaciones se debe a que sufrimos un mal funcionamiento en el que la razón, por sí sola, tiene poco control de la situación.

Todo trastorno es fruto de un desequilibrio, por ello si la mente o el cuerpo fallan y funcionan de un modo erróneo, debemos buscar los motivos dentro de nosotros hasta comprender cuál o cuáles pueden ser esas situaciones, elementos o formas de pensar o sentir, que han generado el problema.

Para comprender mejor el funcionamiento del equilibrio orgánico podemos recurrir a la homeostasis, definida como el conjunto de fenómenos de autorregulación, conducentes al mantenimiento de una relativa constancia en la composición y las propiedades del medio interno de un organismo.

Es ante situaciones complicadas cuando distintos estímulos hacen que se pierda ese equilibrio que nos mantiene en armonía.

En nuestro organismo todo está organizado para mantener esta homeostasis, pero cuando no le damos lo que necesita para mantener esta armonía, llegan los síntomas de la inestabilidad, cambios que nos indican que algo no está funcionando como debería. Y si estas variaciones hormonales no se equilibran de forma natural, surge el trastorno, una situación que se mantendrá en el tiempo y deberemos tratar con paciencia y constancia para conseguir recuperarnos.

La psicología utiliza una ley para estudiar el funcionamiento del ser humano y su relación con los niveles de estrés, indicando que el nivel óptimo de rendimiento, en el que somos más eficientes, se da cuando la cantidad de hormonas de estrés es la adecuada. En cambio si estos niveles son demasiado bajos nos sentimos desmotivados, y si son demasiado altos nos vemos desbordados tanto física como intelectualmente.

Así, podemos entender por qué la causa más común en los desequilibrios emocionales es el estrés, una inestabilidad el doble de frecuente en mujeres que en hombres, ya que el cuerpo femenino está más expuesto a cambios hormonales como la menopausia o la menstruación.

El estrés es una reacción psicológica y física adaptativa y necesaria para responder a situaciones cambiantes de la vida, tales como un trabajo nuevo o la muerte de un ser querido, una reacción que en sí no es mala, pero que puede serlo en función del modo en que la asimilemos.

Si no lo hacemos bien, las situaciones estresantes crónicas pueden aumentar el riesgo de padecer todo tipo de trastornos mentales, así como muchos tipos de enfermedades físicas. En cuanto al trastorno de ansiedad, cuando el organismo supera esos niveles óptimos, cuando se rompe la homeostasis, es cuando se activa este mecanismo de alerta y entramos en lo que a mí me gusta llamar la «zona ansiosa», una definición que puede ayudarnos a aceptar y convivir mejor con esta patología si se presenta en nuestra vida.

LA ZONA ANSIOSA

Cuando padeces ansiedad, una de las frustraciones mayores, y por tanto uno de los motivos por los que esta emoción se puede enquistar, se debe a que queremos volver a toda costa a sentirnos como antes. En esos momentos de lucidez, en que sentimos que la ansiedad parece haber desaparecido, reconocemos la estupidez de nuestros miedos, el sinsentido de tanta duda y preocupación, y nos preguntamos: ¿Por qué tengo que seguir sufriendo? ¿Qué sentido tiene todo esto?

Y estamos en lo cierto, ya que la razón funciona correctamente y nos indica que esos miedos que alimentan el problema son del todo estúpidos, y que no existe un verdadero motivo por el que esa angustia deba seguir molestándonos. Es justo entonces cuando deberíamos admitir que el verdadero motivo por el que tu mundo se ha llenado de dudas, catástrofes, complicados síntomas y preocupación constante se debe solo a que hemos entrado en la «zona ansiosa».

Mientras estemos allí, nos tocará reconocer que las prisas son uno de los aliados de este problema, y que solo podremos derrotarlo con la paciencia. Para superar la ansiedad deberemos aprender a convivir con ella, ya que nuestra mente y acciones pasadas han hecho creer a nuestro cerebro que el peligro es real, activando un mecanismo adaptativo que, aunque parezca mentira, tiene muchísimo sentido.

La experiencia me dice que reconocer y poner nombre a esa inquietud puede ayudarnos a convivir con ella, por eso puedes entender esta «zona ansiosa» como un espacio al que llegamos debido a varios errores, tanto de experiencia como de concepto. De esta dimensión solo podremos escapar una vez que cambiemos ese erróneo modo de vivir, dejando de considerar situaciones normales como peligrosas amenazas a nuestra seguridad.

La homeostasis define esos límites óptimos de estrés, esa franja en la que nuestro organismo se mantiene saludable. Teniendo en cuenta esta zona de equilibrio y esa otra zona ansiosa, un símil muy oportuno para comprenderlas es el del funcionamiento del cuentarrevoluciones del coche.

En este aparato hay una aguja que se mueve entre distintos niveles que indican el número de revoluciones. Esta flecha se desplaza entre una zona blanca y otra roja, un color que nos avisará cuando estemos superando las revoluciones máximas permitidas.

Si presionamos mucho el acelerador sin cambiar de marcha, el motor se revoluciona y comienza a emitir un sonido escandaloso que nos advierte de la alarmante situación. De no cambiar la marcha o pisar el freno, entraremos en esa zona roja en la que el coche puede averiarse.

Si traemos este ejemplo a la realidad de la ansiedad podemos entender que también este desequilibrio en las personas funciona, se activa y se mantiene de un modo muy parecido.

La zona estable, la de la homeostasis, sería esa franja blanca, mientras que la «zona ansiosa» sería esa zona roja a la que llegamos si presionamos demasiado el acelerador de la experiencia y alteramos así nuestros niveles de estrés. Con la única diferencia de que en la vida, para devolver la aguja al punto de equilibrio no basta con soltar el pie del acelerador, ya que, la evolución es bastante más inteligente y compleja que el mecanismo de un coche.

Si volver al equilibrio fuese tan sencillo, estaríamos exponiendo nuestro cuerpo y nuestra mente a un desgaste y un peligro continuos, que podría hacer estallar el motor de nuestra máquina. Y siendo la máquina en este caso nuestro cuerpo, podemos entender los graves daños que ello conllevaría.

Por fortuna, la naturaleza es más sabia, y si llegamos a esa zona de peligro permaneceremos allí hasta que aprendamos a estabilizar nuestro organismo, a cuidarnos y mantenernos en ese estado. Es por esta razón que, una vez que la ansiedad se ha activado, no desaparece tan fácilmente.

Una vez que estemos en la «zona ansiosa», nuestro cuerpo no funcionará como lo hacía cuando se encontraba en equilibrio, nuestra amígdala se mantendrá hiperactiva y reaccionará automáticamente con miedo excesivo ante estímulos que tal vez antes pudieran provocarnos risa, y todo será peor cuanto mayores sean nuestros niveles de estrés.

Todo se debe a que nuestro complejo organismo siente un peligro como real, la amígdala —en cuyo funcionamiento profundizaremos— ha tomado el control, y quiere responder con éxito a esa situación que la vida nos plantea.

Y tal vez la mayor complicación a nivel racional sea que cuando nos encontramos en esta «zona ansiosa», no pensamos como lo hacíamos, nos ponemos constantemente en duda, nos culpamos y martirizamos, mantenemos el temor a no ser como creemos, a estar locos o a poder sufrir cualquier tipo de catástrofe, por irracional que pueda ser. Todo esto se debe a que realmente se ha activado una alerta en nuestro organismo, y esta situación hace surgir y mantenerse una alteración en nuestro modo de pensar y evaluar las situaciones en torno a ese peligro, una realidad conocida como «distorsión cognitiva».

LA DISTORSIÓN COGNITIVA

Si te ha tocado sufrir un problema emocional, fácilmente reconocerás que cuando la emoción nos controla, ni pensamos ni razonamos como lo hacíamos cuando estábamos bien. Tendemos a pensar y esperar lo peor, a fijarnos en esa parte del mundo que puede certificar que la alarma o preocupación que reside en nosotros es real, que la vida puede ser peligrosa o complicada, llegando a realizar asociaciones mentales sin lógica ni sentido, que nos llevan a estados de pánico y al sufrimiento.

Podemos pasar de un pensamiento neutral, e incluso de una afirmación positiva como podría ser «no tengo nada que temer», a terminar suponiendo pocos segundos después ideas como «He perdido el control de mi vida», «Si pienso esto es porque tengo algo que ver con ello», o «Voy a perder la cabeza, morir o volverme loco».

Todos nosotros, en mayor o menor medida, hemos atravesado etapas complicadas, pérdidas que nos mantenían deprimidos o momentos de mayor estrés o negatividad. Por ello, creo que fácilmente podrás identificar este tipo de alteración, un diálogo interior en el que combatimos una emoción que nos perturba y acabamos generando más tristeza o miedo, hasta el punto de sentir que podemos perder el control. Este tipo de fallos en nuestra manera de razonar es uno de los principales motivos de las llamadas «crisis de pánico», no es la situación en sí misma sino el modo en que nos hemos empeñado en interpretarla.

Para exponerte una situación muy común en este distorsionado modo de razonar condicionados por nuestras emociones, pasaré de la ansiedad a esa situación que todos podemos vivir cuando una relación termina, o aún no ha comenzado y, por ejemplo, observamos a esa persona que nos gusta acompañada de alguien.

Esa situación genera una realidad que despierta sentimientos con fuerte valor emocional. Puede que sintamos no solo una, sino una sinfonía de emociones a la vez, y es totalmente normal que no sepamos reconocerlas o gestionarlas cuando llegan.

En esas circunstancias, la primera acción será la captación por parte de nuestros sentidos, en este caso la vista, de una realidad con un actor o una actriz muy relevantes para nosotros.

Tras ese primer impacto, comienza la cognición, el flujo de pensamientos y razones que nos hacen dar un sentido a esa experiencia. Una lógica que, de no darse en el ambiente idóneo, seguramente distorsionaremos o alteraremos, basándonos en nuestras propias creencias, vivencias y necesidades, entre otras muchas cosas.

Este podría ser un ejemplo de diálogo interno bastante común que ayuda a explicar cómo funcionan estas distorsiones:

—Qué bien se le veía, parecía feliz.

Si todavía existen sentimientos hacia esa persona, pronto empezará el razonamiento que busque respuestas o asociaciones de esa situación con la nuestra.

—Me ha mirado, creo que incluso me ha sonreído... ¿Seguiré gustándole? Creo que a mí todavía me gusta...

—No tengo nada que envidiar a esa otra persona que le acompañaba. Valgo mucho, y si no es a él/ella, sé que le gustaré a fulanito/a o menganito/a, así que no le daré más vueltas...

—Pero ¿le gustaré de verdad? ¿Cómo era esa/e chica/o que le acompañaba? Menudos ojazos tenía...

—Y su cuerpo, creo que era más atractivo también. Se ve que se cuida más que yo... ¿Por qué habré dejado de hacer deporte? ¿Por qué comeré tanto? ¿Por qué soy tan dejada/o?

—Soy un verdadero desastre, no valgo para nada, seguro que ya no piensa en mí y es mucho más feliz ahora.

—Vivir así no tiene sentido, mi vida es un completo sinsentido...

Ante una situación tan común como la anterior hemos pasado de pensar que somos válidos a considerar que nuestra vida no tiene sentido y no valemos para nada. Y todo ¿por qué? Todo debido a eso que se conoce como «distorsión cognitiva», una alteración en nuestro modo de percibir las cosas.

Un ejemplo de razonamiento alterado muy común en personas con ansiedad podría comenzar con pensamientos como: «Si voy a ese sitio, me voy a marear...». Se trata de un diálogo interior que obtiene esta información o temor a partir de una experiencia almacenada en nuestro hipocampo, y que activa un razonamiento de un modo simple y rápido y facilita que cuando suceda lo temido, reaccionemos con miedo e incluso nos sintamos mareados. Esta situación generará más malestar, ansiedad y pensamientos negativos, cuando la realidad es que todo comenzó con un miedo totalmente irracional.

Yo mismo he vivido realidades como las anteriores, y he terminado por evitar y no afrontar aquello que realmente quería de la vida, por miedo, vergüenza o baja autoestima.

Respecto a la ansiedad, la depresión u otras patologías, entran en juego la alerta o la pena, y es en este tipo de ideas o pensamientos donde ponemos el foco de atención: seleccionando hechos que puedan certificarnos eso que sentimos, distorsionando el proceso de razonamiento para quedarnos solo con esas partes negativas que nos hacen creer que todo está perdido o que realmente existe un peligro, y, en definitiva, acercándonos a sentir la catástrofe como posible.

Es fundamental reconocer esta realidad, reconocer que si vivimos un desequilibrio sufriremos este tipo de distorsión, que será mayor cuanto más nerviosos estemos. Por ello, solo devolviendo a nuestro organismo a un estado relajado podremos devolver el control a la «buena razón», a una lógica sincera y positiva que consiga sacarnos del problema en el que estamos metidos.

Estas distorsiones provocan una especie de fallo en el manejo de los procesos de información que provoca pensamientos y percepciones distorsionados sobre la realidad y llevan a desarrollar estados de ánimo complicados como las fobias, las obsesiones, los celos enfermizos o graves problemas de autoestima.

En el caso del trastorno de ansiedad, sentimos que peligra nuestra supervivencia, y entonces nuestra mente hace uso de lo que se conoce como «sesgos cognitivos», atajos mentales que pueden ayudarnos a reaccionar de una manera más rápida y eficiente ante ese peligro que consideramos real.

Se produce entonces esa alteración en el procesamiento mental, esa interpretación ilógica sobre la información percibida. Algunos ejemplos de estos atajos son la «atención selectiva», que hace que nos enfoquemos en hechos que tienen que ver con el problema que vivimos, algo muy común en personas deprimidas, que tienden a contrastar información negativa, o en las ansiosas ante noticias que mantengan activa su alarma; el «sesgo de confirmación», que hace que interpretemos la información con el fin de confirmar nuestras hipótesis, o el «sesgo de familiaridad», que tiende a que sintamos preferencia por aquello que nos resulta conocido o familiar.

Devolver a nuestro cuerpo el equilibrio no puede darse si no modificamos esta distorsión racional haciendo cambios, consiguiendo pensar con calma y objetividad, sin dejarnos arrastrar por la potencia y descontrol de nuestras emociones.

Un modo inteligente y sabio de convivir con el problema será aceptar que mientras sufrimos un trastorno, en ocasiones esta alteración cognitiva tomará el control, siendo normal poder preocuparnos más e incluso tener miedos o pensamientos absurdos, negativos e irracionales. Todo se debe a que la emoción nos está condicionando, ejerce un poder tan potente en nosotros, que atajamos nuestra lógica centrándonos en las sensaciones que nos provoca.

La vida nos demuestra que en ocasiones la razón por sí sola no sirve de nada, y es que esa máquina de control con la que nacemos llamada «cerebro» está dividida en tres estructuras más pequeñas e interdependientes, sistemas que, aunque distintos, se comunican entre sí.

Los tres cerebros

Todo hombre puede ser, si se lo propone,
escultor de su propio cerebro.

SANTIAGO RAMÓN Y CAJAL

La ansiedad, con sus síntomas y el modo en que se presenta, nos recuerda que existe una estrecha relación con la amígdala y el cerebro reptiliano, y que en ciertas circunstancias podrían ser las emociones las que tomasen el control, alterando nuestra vida por completo.

Muchas son las definiciones que pueden darse a este trastorno, pero tal vez aquellos que la hemos padecido podemos definirla de una manera más oportuna. En mi caso la considero una «falsa alarma», una alerta que mi organismo activa sintiéndose en peligro, una señal que debe y puede —si queremos apreciarlo así— ayudarnos a descubrir aquello que nuestra vida quiere para nosotros.

Centrándonos en la realidad de cada persona, podemos entender que los motivos y causas que activaron esa alerta son diferentes en cada caso.

Tu esencia es eso que eres, un ser formado por creencias, educación, experiencias y esperanzas, alguien que sabe cómo acercarse a su particular felicidad y también cómo alejarse de ella. Una necesidad en la que seguramente la ansiedad pueda ayudarte, ya que este trastorno se activa cuando te desvías de ese camino que tu vida quiere para ti.

En mi experiencia ansiosa, muchos fueron los motivos que alertaron a ese conjunto de inteligencias que existen dentro de mí. De este modo, mi cerebro, ante distintos factores que le hacían sentirse en peligro, evaluaba la situación como amenazante solicitando una respuesta eficiente y activando este mecanismo defensivo en mi organismo.

Pero como el estímulo para la alerta no era un macaco rabioso ni un león hambriento, sino distintos aspectos mal llevados con los que tenía que lidiar a diario, estos cambios bioquímicos se mantenían en mi vida hasta que aprendiese a desactivarlos dando el justo valor a las cosas.

Para poder hacerlo debía aceptar y sentir que no existía esa amenaza; mi esencia, y no solo mi razón, debía comprender y sentir que volvía a situarme en el justo camino. No bastaba con comprender, ya que la razón es solo uno de los actores de esta película de suspense, tal vez el personaje con menos poder en toda la trama.

Nuestro cerebro no aloja una sino hasta tres pequeñas estructuras que operan como tres ordenadores biológicos interconectados, cada una con su propia inteligencia, control, subjetividad, sentido del tiempo e incluso memoria:

- El neocórtex o cerebro racional, que evalúa y da el justo valor a las cosas.
- El cerebro límbico o emocional, que gestiona nuestras emociones y la reacción ante ellas.
- Y el cerebro reptiliano, el más primitivo, instintivo y automático de todos; un ejecutor con una única misión: mantenernos con vida.

Esta es la estructura cerebral más moderna de todas y también la más extensa, ocupando hasta un 76 por ciento de nuestra materia gris.

Gran parte de nuestro éxito evolutivo se debe al cerebro racional, ya que gracias a esta capa especializada del cerebro podemos llevar a cabo tareas como la resolución de problemas, la toma de decisiones o el autocontrol, aptitudes que nos ayudan a disfrutar más y mejor de la vida, si aprendemos a utilizarlas a nuestro favor.

Conocimientos, recuerdos, capacidades y experiencias deberían servirnos para encaminar nuestros procesos lógicos en busca de soluciones o acciones que nos hagan más felices, alejándonos de trastornos como la ansiedad patológica, la depresión o el estrés. Aunque pronto entenderemos que «razonar» no lo es todo en la tarea de la vida.

Deberemos comprender con nuestra lógica, pero también aprender a gestionar las emociones, ganar en autocontrol hasta reconocer el verdadero mensaje de nuestras sensaciones, para finalmente actuar en consecuencia y disfrutar, haciendo entender con ello al más antiguo de nuestros cerebros que tan importante o más que sobrevivir es aprender a vivir.

Pronto comprenderemos que seguramente muchos cambios deban empezar por la razón. Pero será el cerebro emocional el que nos indique mediante su inteligencia y sus propias y poderosas señales esta necesidad de mejora. Y es que lamentablemente suele ser el dolor emocional y nuestra necesidad de reaccionar ante él, lo que hace imprescindible no solo la búsqueda de soluciones sino, sobre todo, responsabilizarnos y actuar por conseguirlas.

EL CEREBRO LÍMBICO, LAS EMOCIONES

El cerebro límbico —más antiguo que el cerebro racional— es una región que apareció con los mamíferos más primitivos, creándose físicamente sobre la capa más primitiva de todas, el cerebro reptiliano.

A grandes rasgos podemos entender que tenemos tres mentes: una que piensa, otra que siente y otra que ejecuta una respuesta basándose en las indicaciones de las dos anteriores. La razón nos ayuda a comprender, es más despierta y pensativa y capaz de reflexionar. Por el contrario, el cerebro emocional es más impulsivo y poderoso, aunque muchas veces, por desgracia, también es irracional e ilógico.

Existe una comunicación entre ambas regiones, pero cuanto más intenso es el sentimiento, más dominante se hace la mente emocional y menos poder tiene la razón sobre ella. Esto se debe a la ventaja evolutiva que suponía disponer de emociones que guiaran nuestros instintos, para afrontar situaciones que podían ponernos en peligro, experiencias en las que «pararnos a pensar» —con la pérdida de tiempo que ello conlleva— podía traer consigo consecuencias desastrosas. El cerebro límbico, aparte de ser indispensable para mantenernos con vida, es también el responsable de la aparición de nuestra memoria emocional, las sensaciones asociadas a nuestras experiencias, por lo que su utilidad tiene mucho que ver con el aprendizaje y la memoria. De esta manera, si una conducta produce emociones agradables, tenderemos a repetirla o intentaremos cambiar nuestro entorno para conseguirla, mientras que si produce dolor, la recordaremos y evitaremos tener que experimentarla otra vez. Así surgen los deseos y las metas, pero también las fobias y las obsesiones.

Esta dualidad y simplicidad es la que está detrás de muchos problemas emocionales, ya que en esos casos nos sentimos dominados por las emociones sin poder hacer mucho —racionalmente— por evitarlo.

El hipocampo, la memoria emocional

Cuanto más agradable o desagradable sea la emoción que sentimos, cuanto mayor sea el impacto, más grande será la huella que deje en nuestra memoria, un recuerdo que se almacenará en una región de este cerebro límbico llamada «hipocampo», el espacio donde se almacenan sentimientos y emociones, un elemento que entiende las cosas como buenas o malas.

Esta información será más tarde consultada por nuestro particular vigía emocional para evaluar la situación y responder ante ella.

La amígdala, el vigilante de las emociones

La amígdala es uno de los elementos clave en la gestión emocional, ya que de ella depende el modo en que interpretamos y respondemos a los estímulos. Para entender su funcionamiento es importante comprender cómo gestiona una de las emociones más comunes en el ser humano: el miedo.

¿Alguna vez has saltado de la cama al oír un ruido inesperado? ¿Recuerdas situaciones en tu vida en que has actuado instintivamente para protegerte o proteger a un ser querido? Si has respondido afirmativamente a alguna de estas preguntas podrás darte cuenta de que en ninguna de esas ocasiones hiciste uso de la razón.

En un mundo como el actual es complicado aceptar que en ocasiones la razón no solo no sirve de nada sino que incluso puede no tener nada que ver con nuestra reacción. ¿Cuál es el motivo?

El motivo está en esta pequeña zona de nuestro cerebro emocional, un sistema de vigilancia que funciona las 24 horas del día —incluso mientras dormimos— y que es uno de nuestros mecanismos más evolucionados y necesarios. Es el vigilante de nuestras emociones, el centro de control del miedo, un instinto que nos aleja de situaciones que entiende como peligrosas.

Cuando un estímulo de miedo es procesado, se consulta la información almacenada en el hipocampo para valorar la situación. En el caso de percibir una amenaza, sentiremos temor y reaccionaremos en consecuencia, una acción que la mayoría de las veces es inconsciente y provoca cambios de tipo biológico (los desagradables síntomas de la ansiedad), que nos invitan a actuar.

Este mecanismo defensivo es un engranaje muy evolucionado y eficiente, pero a la vez muy rápido y simplista, que puede fallar y activar trastornos emocionales en el caso de mantenerse hiperactivo ante situaciones que considera peligrosas pero no lo son. Esta realidad puede desencadenarse debido tanto a complicadas experiencias vividas como a niveles alterados de estrés, cambios hormonales, el uso de drogas o un descuido personal continuado.

Como hemos visto, el hipocampo registra situaciones con alto valor emocional para identificar las que puedan dañarnos y así la amígdala pueda responder eficiente y rápidamente. Algo muy útil si el peligro es real, pero un auténtico infierno cuando la apreciación está equivocada o es excesiva, que es lo que ocurre en el trastorno de ansiedad y las fobias.

Un ejemplo bastante común de la relación entre este mecanismo y la ansiedad podría ser el siguiente: si una persona sufre un ataque de pánico dentro de un autobús, esta situación se almacenará en su memoria emocional. El ataque de pánico generó emociones y sensaciones muy complicadas, como terror, mareos o incapacidad de respirar. Por ello el hipocampo entiende que es necesario registrar esta experiencia para atenderla eficientemente si nos encontramos con algo similar en el futuro. En ese caso la amígdala se activaría, generando una respuesta ansiosa para evitar el posible daño que la situación repetida pudiera causarnos.

Cuando la situación requiere este tipo de respuestas, el mecanismo de la ansiedad tiene mucha utilidad y es muy eficiente, pero, como ves, también puede hacernos temer y llevarnos a evitar acciones tan corrientes como subir a un autobús, dando así lugar a trastornos que, de no tratarlos, pueden limitar y complicar bastante nuestro día a día.

En el caso del trastorno de ansiedad, distintos factores han hecho que la amígdala se mantenga hiperactiva, consultando constantemente nuestra memoria emocional para certificar la necesidad de mantener la alarma activa. Esta condición hace que la persona se vuelva más temerosa al mantener ese recuerdo de situaciones peligrosas, sin prestar atención a la realidad en su conjunto. Se trata de un círculo vicioso que mantiene el desequilibrio orgánico, alterando los niveles de estrés y desatando complicados síntomas que considera necesarios.

En este tipo de situaciones es la emoción y no la razón la que controla la situación, un estado de alerta que hace que la amígdala comunique directamente con el cerebro reptiliano, el más antiguo de todos, para desatar una respuesta que nos mantenga a salvo.

EL CEREBRO DE REPTIL, EL EJECUTOR INSTINTIVO

El hecho de evaluar una emoción como peligrosa puede activar al último de los complejos cerebrales, el reptiliano, desencadenando una reacción que nos prepara para el ataque o la huida, las dos únicas respuestas que este sistema entiende como válidas para mantenernos con vida, su único objetivo.

La denominación de «reptiliano» se debe a que surgió en los reptiles hace más de 500 millones de años, siendo el primer cerebro que la naturaleza otorgó a un ser vivo. El ser humano evolucionó, y con su desarrollo nuestra materia gris cambió, apareciendo después el sistema emocional y más tarde el racional y, en esa masa que es nuestro cerebro, todo quedó unido.

El cerebro reptiliano gestiona nuestra supervivencia controlando funciones básicas del organismo como:

- El flujo sanguíneo mediante los latidos del corazón.
- La temperatura del cuerpo mediante mecanismos como la sudoración.
- El subconsciente.
- La digestión.
- El equilibrio.
- La vista.

Así, repasando los síntomas de la ansiedad primero y la lista de funciones que regulaba el cerebro reptiliano después, es fácil comprender que existe una relación entre todos ellos. La razón es muy básica: ¡la ansiedad empieza aquí! Este mecanismo sigue una lógica, ya que aumenta el flujo sanguíneo hacia los músculos, proporciona energía extra al cuerpo subiendo la presión sanguínea, el ritmo cardíaco y el azúcar en sangre, e incluso consigue hacer al cuerpo lo más fuerte y rápido posible al aumentar la tensión muscular. Es una respuesta perfecta si la amenaza es real, pero un verdadero infierno —cualquier persona que haya padecido este trastorno lo puede corroborar— cuando la amenaza solo existe en nuestra cabeza.

Cuando la amígdala evalúa los estímulos como peligrosos, lo comunica a este cerebro dándonos un toque de atención tan potente que solo nos deja una opción, hacerle caso.

Y cuanto más arraigado y potente sea el trastorno, más rápida será esa conexión entre el estímulo y la respuesta, un problema vital en el que la solución pasará por recuperar el control y dejar de reaccionar en automático ante circunstancias que nada tienen de peligrosas.

Cómo recuperar el equilibrio

> No es lo que nos ocurre lo que nos hace sufrir, sino aquello que nos decimos a nosotros mismos sobre lo que nos ha sucedido.
>
> EPÍCTETO

Cuando sufrimos un trastorno emocional es realmente complicado apreciar las cosas por lo que son, ya que la fuerte carga emocional ha hecho que sea el cerebro límbico y no el racional el que tome el control de la situación.

Debería ser sencillo admitir que, de mantenernos estresados, seguiremos alarmados, mientras que de continuar tristes, nos sentiremos bloqueados y apáticos. Influenciados por estos sentimientos nos será imposible dejar de funcionar en automático, para poder evaluar la situación como debemos.

Por ello, tan importante como hacer buen uso de la razón será relajarnos y reducir nuestros niveles de estrés, desactivando la actividad excesiva de la amígdala y con ello la falsa alarma, una posibilidad mucho más simple de lo que creías, ya que nuestro organismo cuenta con una especie de interruptor que activa nuestro estado de calma, un sistema conocido como «sistema nervioso parasimpático».

Si sufres un trastorno emocional, pronto notarás que acciones como el ejercicio, la respiración diafragmática o el mindfulness pueden activar ese «modo relajación» que existe en ti, permitiéndote salir —aunque sea por momentos— de tu «problema» para volver al equilibrio y ser «realmente consciente» de la situación.

El modelo estímulo-respuesta

Como seguramente sabes, cuando sufrimos un conflicto emocional nos comportamos en un modo reactivo en el que un estímulo provoca nuestra reacción de manera automática, un modelo conocido en psicología como estímulo-respuesta.

La ciencia describió este patrón gracias a uno de los estudios más importantes y famosos de la historia, el experimento del perro de Pávlov.

Gracias a este estudio, el fisiólogo y psicólogo ruso Iván Pávlov demostró que podía condicionar las reacciones biológicas, entrenando a un ser vivo para responder de forma automática a un estímulo.

Para conseguirlo hizo sonar una campana antes de dar de comer a los perros —los sujetos de su experimento—, observando que, tras muchas repeticiones, estos asociaban ese sonido con la acción de comer.

Una vez establecido el patrón, realizó la segunda parte del estudio detectando que los animales segregaban saliva y jugos gástricos nada más escuchar la campana. Así decidió cambiar algunos de los elementos hasta desarrollar la última parte del estudio en la que consiguió demostrar que la campana por sí sola podía activar el sistema digestivo de estos animales, sin necesidad de presentarles el alimento.

Estableció así una relación directa entre la respuesta fisiológica de salivar y un sonido que originalmente no provocaba esta salivación, demostrando, sin lugar a dudas, que lo psicológico —relacionar un sonido con una acción— podía controlar a lo biológico —haciendo salivar a los perros.

Estos estudios sentaron las bases para el tratamiento de las fobias y adicciones en las personas, al comprender que, en el caso del ser humano, emociones como la ansiedad surgían ante determinados estímulos, de la misma manera que la saliva aparecía en los perros al oír el sonido de la campana.

Para demostrarlo, en 1920 el doctor John Watson realizó un inquietante y cruel estudio conocido como el «experimento del pequeño Albert», demostrando que la teoría del perro de Pávlov también podía funcionar... en humanos. Watson utilizó a un bebé de solo once meses llamado Albert como conejillo de Indias, comprobando que el niño no tenía inicialmente ningún tipo de aversión hacia las ratas, el otro elemento del experimento, e incluso jugaba y las acariciaba con curiosidad.

Después de esto comenzó la parte más despiadada del experimento, en la que mientras el pequeño estaba en contacto con estos roedores, haría sonar un potente sonido del choque de un martillo contra una placa metálica de manera intermitente, un estímulo que generaba una respuesta de ansiedad y miedo en Albert.

En los sucesivos ensayos, el niño comenzó a sentir pánico, a llorar y a tener una conducta fóbica ante la presencia de las ratas, que además Watson amplió después hacia los perros y las barbas, sin necesidad de que volviera a oír el estridente sonido que tanto lo asustaba. Aunque de un modo inhumano, se había demostrado que el pequeño Albert reaccionaba automáticamente ante este tipo de estímulos, como los perros lo hacían a la campana.

En el caso de los trastornos de ansiedad, diversos motivos pueden despertar temores desmedidos o fobias que activan este evolucionado mecanismo de alarma, generando los síntomas de manera automática y haciendo sentir el peligro como inminente; llegando a creer quien lo padece que realmente puede morir o sufrir una angustiosa crisis de pánico. Es un círculo vicioso que aumenta los niveles de ansiedad y mantiene este modo de reaccionar instintivo.

Por fortuna, del mismo modo que el estrés, los traumas, los miedos o nuestro erróneo modo de pensar han podido activar este mecanismo reactivo en nosotros, también es posible desactivarlo, exponiéndonos más a menudo a esos estímulos hasta reconocer —como podían hacer los perros tras muchas nuevas repeticiones de campana sin comida— que realmente no existe peligro alguno.

Si en mi pasado junto a este trastorno el mayor temor era que una taquicardia derivase en un ataque al corazón, o estar padeciendo algún tipo de enfermedad mortal, también me daba cuenta de que leer noticias sobre estos temas o sentir alguno de sus molestos síntomas no hacían otra cosa que activar este círculo vicioso.

Era consciente de que varios estímulos generaban este tipo de reacción en mí, y si quería devolver el control a la razón, primero tenía que aprender a convivir con el problema, hasta reconocer que no existía ningún peligro real. Podía apreciar también que, en esa «zona ansiosa» mi razón estaba controlada por la sensación de poder perderlo todo, un motivo que alteraba mi modo de razonar, una realidad que, como hemos visto, se llama «distorsión cognitiva».

Todos estos elementos hacen muy complicado dar el justo valor a la situación, es por ello que no basta con comprender la situación con la razón, si queremos mejorar deberemos actuar; reconocer que no existe peligro, recuperar la calma, para desde allí poder valorar la situación como lo que es realmente, sin dejarnos llevar por nuestras emociones y reduciendo la sensación de pérdida de control.

Considero —yo mismo lo puse en práctica— que uno de los mejores modos para conseguir superar cualquier tipo de trastorno es reconocer que, entre estímulo y respuesta existe un elemento que puede marcar la diferencia: nuestra propia interpretación. Una de las teorías que explican de un modo eficaz cómo funcionamos por dentro y cómo se desarrollan o pueden revertirse este tipo de problemas emocionales es el llamado «modelo ABC de Ellis».

El ABC para disfrutar mejor de la vida

Por fortuna, los seres humanos no solemos funcionar en un modo tan reactivo. Normalmente, cuando la situación no requiere una respuesta rápida, entre el estímulo y la respuesta se da el razonamiento, nuestra particular percepción de los hechos, una apreciación que si es adecuada hará que nuestra reacción lo sea también.

Como reconocía el filósofo griego Epícteto, «no es la situación la que provoca el dolor en las personas, sino su particular apreciación de la situación». Influenciado por esta reflexión, el psicoterapeuta Albert Ellis diseñaría el llamado «modelo ABC», una teoría que puede ayudarnos a entender por qué ante una misma situación las personas pueden responder de formas muy distintas.

Cuando padecemos una dificultad, muchas veces no somos conscientes de que actuamos de una manera errónea, pero de mantener unos niveles emocionales alterados, la distorsión cognitiva —ese modo de razonar erróneo a causa de nuestra alarma o patología— nos hará evaluar también de un modo equivocado la situación.

La teoría del ABC divide el estímulo (A), la percepción (B) y la respuesta (C), deduciendo que es nuestra propia apreciación la que nos genera el malestar:

- La «A» es el estímulo o acontecimiento activador, que puede provenir tanto del exterior como de nuestro mundo interior, puede tener muchas formas y es el factor que inicia la cadena de pensamientos, emociones y conductas.
- La letra «B» indica el sistema de creencias de la persona, incluyendo pensamientos, sucesos pasados, valores, actitudes y otras características propias, ese conjunto de elementos con el que evaluamos la situación. Estas creencias pueden ser racionales o, por el contrario, totalmente irracionales, fundamentándose en cosas poco lógicas o exageraciones, una distorsión en el modo de razonar que hace que el sujeto oriente su pensamiento en función de cómo se siente.
- La última parte del modelo, la letra «C», se refiere a nuestra reacción o conducta, el modo en que respondemos a partir de nuestra particular evaluación de los hechos.

Normalmente, tendemos a pensar que son los acontecimientos los que provocan directamente las emociones y nuestra conducta, pero si así fuera, todos tendríamos el mismo tipo de comportamiento, por lo que es fácil apreciar que no es cierto.

Del sistema reactivo al sistema consciente

Uno de los métodos más efectivos para tratar cualquier tipo de trastorno emocional se basa en recuperar el equilibrio orgánico, para luego comenzar a evaluar la situación y reconocer ese modo automático o distorsionado en que actuamos, apreciando la realidad de una manera más oportuna.

Como hemos visto, el descuido personal continuado (drogas, exposición a emociones, vida sedentaria), las situaciones vitales traumáticas o de excesivo impacto emocional, e incluso cambios hormonales (la depresión posparto, la menopausia o la depresión endógena) sobre los que podemos tener poco control, pueden hacer que nuestro equilibrio orgánico se rompa. Cuando esto ocurre, los niveles hormonales se desequilibran y el cerebro emocional pasa a tomar el control de la situación. Una vez que toma el control, comenzamos a vivir en un modo automático dominados por nuestras emociones. Si el problema se da en nuestro modo de gestionar la impulsividad, será la rabia la que provocará nuestra reacción inconsciente; con la depresión, será la tristeza la que nos domine, mientras que en el trastorno de ansiedad, serán el miedo y nuestro estado de alerta los que nos mantengan alterados.

Ese modo de reaccionar hace que la emoción tome el control utilizando un «camino corto» —sin pasar por la razón— para responder rápidamente a la situación. Es la sensación la que gestiona y decide, y por ello es complicado recuperarse únicamente pensando.

Para volver a evaluar la vida correctamente, nos tocará volver a utilizar el «camino lógico o largo», es decir, usar la razón para evaluar la realidad sin dejarnos llevar por la fuerza de la emoción. La recuperación en este tipo de problemas es parecida a una carrera de fondo con muchas oscilaciones, una situación en la que, aunque en ocasiones la persona pueda sentirse recuperada, cualquier situación estresante le hará nuevamente entrar en la zona ansiosa.

Conseguirlo no es una tarea sencilla y requiere de mucha práctica, pero devolviendo la calma a nuestro organismo, reduciremos la hiperactividad emocional, logrando así actuar sin dejarnos llevar por miedos, impulsos o creencias limitantes, y reduciendo nuestros niveles de estrés. Podremos parar, recapacitar y cambiar la respuesta instintiva por otra más consciente y oportuna, aceptando que difícilmente devolveremos el control a la razón mientras nos encontremos dominados por nuestras emociones.

Afortunadamente, nuestro organismo ya cuenta con todo lo necesario para recuperar ese estado que reduce el desequilibrio y devuelve el organismo a su homeostasis, ese estado óptimo en el que funcionamos como debemos.

Ahora, veamos cómo puedes pulsar este botón de relajación siempre que lo necesites.

Activando el modo relajación:

Ya sabes que existe un espacio mágico en el que tenemos el poder de actuar y elegir la conducta más adecuada, esa evaluación personal de la que hablábamos. Una valoración que será más eficiente si viene hecha desde la calma, si hemos activado nuestro «modo relajación», ese sistema nervioso parasimpático que te ayudará a nivelar tus niveles de estrés para actuar de una manera más eficiente.

Nuestro cuerpo cuenta con un mecanismo que recibe la información a través de los sentidos, la procesa después y genera una respuesta gestionando también nuestras funciones corporales, un conjunto de células conocido como «sistema nervioso». Este sistema se divide en dos partes, una que controla las funciones voluntarias llamada «sistema nervioso somático», y otra que gestiona las involuntarias —esas que necesitan de una respuesta rápida y adaptativa—, llamada «sistema nervioso autónomo». Este último se divide a su vez en dos subsistemas, uno conocido como «simpático», que nos ayuda a responder y actuar ante situaciones de estrés, preparando al cuerpo para la acción y generando hormonas como la adrenalina; y otro llamado «parasimpático», que nos devuelve a un estado opuesto al anterior, el de la calma.

Si se mantiene un equilibrio entre ambos, el organismo funciona correctamente, pero si se rompe esta armonía se pueden activar y mantener trastornos como el de la ansiedad o la depresión.

Por fortuna, la convivencia de estos dos subsistemas es imposible, si uno está activo el otro no puede funcionar. Por ello, para gestionar mejor el estrés, la ansiedad o cualquier complicación emocional, activar esta respuesta de relajación puede ser nuestra mejor herramienta.

Está científicamente comprobado que lo que conocemos como «estrés» no es más que un desequilibrio entre estos sistemas causado por una tensión sostenida. Se trata de una inestabilidad que potencia la hiperactividad de la amígdala y nos hace más vulnerables a procesar erróneamente los estímulos del ambiente.

Simplificando, podría decirse que el sistema nervioso simpático es el responsable de la respuesta de lucha o huida, una especie de botón del pánico que, cuando se activa, nos prepara para la acción y nos mantiene alerta, el mecanismo de la ansiedad.

Por suerte, ese botón puede apagarse activando su opuesto, el sistema nervioso parasimpático, que devuelve a nuestro cuerpo a un estado de calma. De esta manera, cuanto más activemos este «modo relajación» —que como verás puede hacerse conscientemente con infinidad de ejercicios como la respiración diafragmática o el deporte—, más apagaremos ese otro botón del pánico que nos mantiene ansiosos, y podremos recuperar nuestro estado de equilibrio.

Pronto veremos cómo se puede utilizar y gestionar mejor esta respuesta de calma para recuperar el estado que sustituya tus respuestas impulsivas e irracionales por otras más racionales y oportunas.

Y para comprender cuándo es el mejor momento para reaccionar ante la dificultad, nuestros síntomas pueden ser la mejor brújula.

Los síntomas, nuestra mejor brújula

A veces la reacción ante un conflicto emocional es tan veloz que no nos damos cuenta ni siquiera del estímulo que ha activado la respuesta y solo sentimos sus síntomas. En otras ocasiones, podemos ser conscientes de la situación, pero siempre, tanto en uno como en otro caso, surgen los síntomas, esa reacción fruto de la emoción en nuestro organismo. Es fácil observarla en el estrés o la depresión, pero tal vez no existe trastorno alguno en el que estas sensaciones sean tan intensas, potentes y frecuentes como en el trastorno de ansiedad.

De sufrirlo, los síntomas son muy complicados y angustiosos, pero observando la situación de una manera más positiva, creo que podemos sentirnos afortunados. Afortunados porque podemos sacar provecho de ello, ya que son estas sensaciones las que nos dan una pista muy certera de aquello que debemos cambiar o desechar y, lo que es más importante todavía, de cuándo tenemos que hacerlo.

En mi caso, cuando reconozco el motivo o estímulo que activa la ansiedad, o cuando siento que el estrés está aumentando, es cuando entiendo que ha llegado el momento de calmarme y evitar ese tipo de respuesta automática; es entonces cuando debo intentar ser más consciente y apreciar de otra manera la situación. Te animo a reconocer tus síntomas y actuar cuando se presenten, trabajando en muchas de las acciones y reacciones que vamos a ver a continuación.

Si sufres ansiedad, ha llegado el momento de aceptarla

Si padeces ansiedad, antes de comenzar a trabajar en la práctica es fundamental aceptar con toda tu consciencia y voluntad que no padeces nada que no sea eso. De poco te servirá reaccionar si crees estar sufriendo un problema diferente.

Por ello, si tienes ansiedad o quieres ayudar a alguien a reconocerla, puedes preguntar: ¿Estás dispuesto a aceptar que se trata de ansiedad o crees que tus síntomas pueden estar revelando otro tipo de enfermedad?

Si aún te cuesta reconocerlo —si este es el caso de una persona cercana—, voy a darte argumentos que tirarán por tierra esos temores infundados o miedos irracionales que todavía pueden mantenerte engañado.

Para realizar esta demostración, necesito que pienses en una de tus fobias principales. Para ello puedes preguntarte: ¿Cuál es ese temor o preocupación que me mantiene alterado y asustado?

Nota: Dependiendo del grado de ansiedad y de cómo te afecte, puedes acompañarte de una infusión relajante, de un ansiolítico (si el médico te lo ha prescrito) o de cualquier otro recurso que te ayude a bajar el nivel de estrés que esta simple demostración puede provocarte. No temas, porque ni va a pasar, ni deberás hacer uso de nada, pero como sé de lo que estoy hablando y entiendo que en ocasiones somos demasiado aprensivos, es preferible que dispongas de algún elemento que pueda ayudar a calmarte en caso necesario.

¿Estás preparado? ¡Empecemos!

Relájate y respira profundamente unas cuantas veces. Intenta limpiar tu mente y reconocer tu estado físico y emocional antes de empezar con esta prueba.

Cuando estés preparado o preparada, utiliza toda tu intención y fuerza mental para imaginar lo siguiente: visualiza ese objeto o elemento que te hace entrar en pánico, tráelo a tu mente, acércalo a ti y hazlo más grande; sea cual sea tu miedo, imagínalo con fuerza durante uno o dos minutos, no necesitas más, pon todo tu esfuerzo en ello.

Sé que puede resultarte duro, pero hazlo, ya que pronto descubrirás que haciéndolo te estás ayudando a ti mismo, vas a demostrarte cuál es la única realidad de eso que sufres.

Mientras piensas en ello, mientras lo imaginas y notas cómo lo vives, siente cómo reacciona tu cuerpo. Reconoce esa sinfonía de emociones, pensamientos y sensaciones como la taquicardia, la sudoración, los hormigueos en los brazos y las piernas, los temblores... ¡Siéntelo lo más intensamente que puedas!

Y cuando lo tengas, vuelve aquí, respira lentamente, y cálmate... Sabes que no existe ningún peligro real, ¡todo estaba en tu cabeza!

Puede que lo estés pasando mal, por eso ha llegado el momento de respirar y calmarse.

Puedes probar a practicar con la respiración diafragmática (en las próximas páginas la conocerás con más detalle), hinchando el abdomen como si fuera un globo, y también puedes hacer tres o cuatro respiraciones lo más lentamente posible.

Mientras te relajas, percibe cómo esos miedos y pensamientos también se van calmando, cómo se reducen las sensaciones físicas, los rumores mentales, tus síntomas...

Relájate y respira, disfruta de estos momentos de calma que te estás regalando.

Si has seguido mis consejos, habrás notado tanto tu reacción física a los estímulos como el malestar emocional y la distorsión de tus pensamientos cuando te centras en tus miedos. Puedes incluso anotar cómo te sientes antes, durante y después de esta prueba y cuáles son tus ideas y emociones.

Esta reacción, que es consciente ya que tú mismo te la has provocado, tiene que convencerte ahora —no te dejes confundir por tus miedos— de que no padeces nada distinto. Acabas de demostrarte que no sufres nada peligroso sintiendo esa montaña rusa de emociones provocadas por tu alterado estado de ansiedad.

Y si aún te queda alguna duda, intenta responder a estas preguntas: ¿Crees que si padecieses un problema de corazón o una enfermedad degenerativa o mortal, podrías pasar de la angustia a la calma de una manera consciente? ¿Te das cuenta de tu distorsión cognitiva? ¿Reconoces que tus síntomas son directamente proporcionales a la atención que pones en ellos? ¿Puedes aceptar que no existe ninguna enfermedad en el mundo, ya sea física o mental, en la que el miedo nos avise de que la tenemos?

Estamos a un paso de comenzar a trabajar en el cambio, por ello a partir de aquí, si sufres ansiedad o un trastorno parecido, debes aprender que, para lograr superarlo, primero deberás aceptarlo y ser más inteligente que esos falsos miedos e ideas que este problema genera en tu mente.

Sé que en ocasiones te costará hacerlo, es probable que vuelvas a dudar, pero será entonces cuando podrás volver a este capítulo y recordar que no tienes por qué seguir haciéndolo. Aceptar que únicamente sufrimos ansiedad es el primer y necesario paso para animarnos y conseguir trabajar en nuestro cambio. Solo sufres un trastorno, no va a pasarte nada malo, ya que antes de esto no temías las cosas que ahora temes, ni estabas bloqueado o angustiado. Ten en cuenta que si realmente tuvieras alguna de esas intenciones, temores o enfermedades, no sufrirías como lo haces ni el miedo te avisaría de ello.

Así funciona el desequilibrio, y en el caso de la ansiedad esas son las consecuencias de tener alterado e hiperactivo ese sistema de alerta tan eficiente y evolucionado, gracias al cual el ser humano ha conseguido sobrevivir durante millones de años.

A partir de ahora será más tu acción que el uso de la razón lo que guiará tus pasos. Espero que pronto adoptes esas habilidades que te ayudarán a superar situaciones complicadas cuando surjan, y a mantenerte preparado para que puedas disfrutar de una vida sana y feliz durante el resto de tus días.

Hemos llegado a las líneas más importantes de este libro, este espacio en el que será más tu acción que el conocimiento lo que te ayudará a dar esos pasos que te devolverán la alegría y permitirán que la conserves siempre.

HABILIDADES

Herramientas para la vida

El éxito es un 1 por ciento inspiración y
un 99 por ciento transpiración.

THOMAS EDISON

En esta sección encontrarás algunas de las mejores herramientas para disfrutar de una vida más sana, dejar de temer a los problemas y poder tratarlos de un modo eficiente en caso de que se presenten.

Para ayudarte a que entiendas sus beneficios y trabajes en ello, comenzaré exponiendo lo que dice la ciencia, para continuar explicando mi propia experiencia al poner en práctica estas habilidades.

Luego observarás que hay dos secciones bien diferenciadas. Una llamada «Acción» y orientada a profundizar y trabajar este tipo de tareas, y otra llamada «Reacción» y dirigida a actuar directamente para afrontar las situaciones complicadas.

Buena parte de las habilidades de la sección «Reac-ción» se centran en el trastorno de ansiedad, pero puedes trasladarlas a otro tipo de problemas emocionales. Por ello, si estás pasando por un mal momento, te aconsejo pasar directamente a la sección «Reacción» y observar y sentir que el hecho de poner en práctica estas herramien-tas te ayuda a recuperar el equilibrio y a sentirte mejor.

Como bien sabes, nada va a cambiar si tú no cambias, y estos son los capítulos que te ayudarán a conseguirlo. Para hacerlo te aconsejo que, más que leer, practiques con lo aprendido.

Para ayudarte a convertir en tuyas estas herramientas, te animo a que elijas las que más te gusten, y pruebes a incluirlas en tu rutina. Puedes utilizar para ello el «Diario» que encontrarás al final de este libro.

Te aconsejo empezar poco a poco, sin realizar muchas acciones a la vez, sin proponerte retos y trabajando en ellas diariamente hasta convertirlas en hábitos, que acaba-rán siendo los hábitos de tu felicidad.

Herramientas para la vida, acción y reacción

Espero que hayas asumido la necesidad que tenemos de cuidarnos, y que en la base de cualquier tipo de desequilibrio emocional existen factores físicos pero también mentales y ambientales, siendo la causa más común para este tipo de problemas el estrés, la propia personalidad o un estilo de vida descuidado.

Sabes que el principal motivo de estos trastornos tiene que ver con el funcionamiento de nuestro cerebro y el modo en que gestionamos nuestras emociones. Esas situaciones en las que el cerebro límbico toma el control, ya que lo considera importante para nuestra supervivencia, enviando señales al cerebro ejecutor para que actúe en consecuencia.

Como hemos visto, cuando las emociones dirigen nuestras vidas, cuando la tristeza, la culpa o el miedo toman el control, no nos damos cuenta pero mantenemos erróneos patrones mentales que distorsionan nuestro razonamiento. Pensamos mal y en consecuencia actuamos también mal, evitando y haciendo el problema más grave de lo que es.

La ansiedad puede hacernos reaccionar huyendo, evitando o bloqueándonos hasta el punto de que dejemos de lado el presente y las oportunidades que nos brinda a cada momento. Algo parecido sucede con la depresión, una situación que nos mantiene desganados y viviendo en un pasado que ha dejado de existir.

Nadie dice que la vida sea fácil, toda experiencia contiene momentos felices y también tristes, equilibrio y desequilibrio, yin y yang, pues, ¿cómo conoceríamos la alegría si no existiese la pena? o, mejor aún, ¿cómo podríamos mejorar si no existiesen esos momentos complicados en nuestras vidas?

Podemos observar que existe un vínculo directo entre pensamientos, sentimientos y emociones, una situación que genera un círculo vicioso que puede mantenernos tristes, deprimidos o ansiosos durante más tiempo del que nos hubiera gustado; una reacción en cadena que puede iniciarse al reconocer el síntoma en nuestro cuerpo o al percibir el estímulo que lo generó. Este mecanismo solo puede ser cortado desde un punto, ese lugar intermedio entre estímulo y respuesta del que hablaba el sabio Epíteto, esa manera en que evaluamos la situación.

Devolver el control al sentido pasará por recuperar el equilibrio del cuerpo, de la mente, y también de nuestro ambiente, para no dejarnos llevar por el catastrofismo. El propósito de estas páginas será ayudarte a conseguirlo, a que lo hagas tanto para reaccionar ante el problema como para desarrollar y mantener hábitos que te ayuden a disfrutar de tu vida en orden, consiguiendo así que elementos como la amígdala o el cerebro reptiliano actúen únicamente en caso absolutamente necesario.

Tanto o más efectivo que reaccionar al problema cuando llega, puede ser nuestra terapia, desarrollar herramientas propias para poder usarlas cuando las podamos necesitar.

Con esta intención he creado esta sección, donde encontrarás un conjunto de habilidades en las que te aconsejo trabajar hasta que puedas elegir las que mejor se adaptan a ti. Tanto si estás pasando por un mal momento como si no, espero que descubras la importancia de mantener estas herramientas en tu vida, te aseguro que será mucho más fácil superar cualquier bache si así lo haces.

Yo mismo he conocido y puesto en práctica estas habilidades para afrontar momentos complicados, por lo que puedo asegurarte que, si las mantienes en tu vida, en poco tiempo notarás la diferencia.

Cuerpo

El secreto para tener buena salud es que el
cuerpo se agite y que la mente repose.

VINCENT VOITURE

Los elementos a tener en cuenta para nuestro cuidado
personal son el cuerpo, la mente y nuestro ambiente.

El primero de ellos, indispensable para que también la
mente funcione correctamente, se centra en la física y química de nuestro organismo.

Todo trastorno puede ser favorecido por cambios que
se produzcan en el cuerpo. Un déficit en nuestros niveles
de energía, cambios hormonales, la genética o el consumo de
drogas son factores que pueden tener un efecto directo
sobre nuestra gestión de las emociones y las dificultades.

En el caso de la ansiedad, los síntomas físicos y mentales tienen una relación constante y directa. Muchas veces,

los primeros activan los segundos, pero puede suceder al revés, creándose un círculo vicioso que hace que la ansiedad se mantenga y no desaparezca, por mucho empeño consciente que intentemos poner en el asunto.

Por todo ello, disponer de más energía, suavizar el malestar mejorando nuestra química, mientras intentamos relajar el cuerpo y la mente para utilizarlos de un modo más eficiente, ayudará a convivir mejor con cualquier problema.

Puede que ya sepas —y si no es así pronto lo descubrirás— que la felicidad se rige por la química, y esta la controlan muchas de las hormonas que circulan por nuestro organismo. De este modo, para disfrutar de una vida más alegre y equilibrada no hay nada más útil que absorber hormonas que nos hagan más felices y alejarnos de todo lo que nos provoca malestar.

LA QUÍMICA DE LA FELICIDAD

La salud de las personas, tanto física como mental, está directamente asociada a la gestión emocional, a una relación directa entre el modo en que gestionamos estas emociones y el modo en que las sentimos en el cuerpo.

Si la mente está organizada, tendremos sensaciones equilibradas y un cuerpo sano, pero si tenemos pensamientos negativos de ira, celos, miedo o tristeza, nuestro cuerpo generará las llamadas «hormonas de la infelicidad», como la adrenalina o el cortisol, una química que tiene un efecto directo en nuestra calidad de vida.

Por fortuna, si cultivamos hábitos positivos y trabajamos en mejorar nuestro modo de apreciar el presente y las situaciones del día a día, tendremos pensamientos y sentimientos positivos de amor, paz, éxito y abundancia, generando así hormonas más sanas, las llamadas «hormonas de la felicidad», es decir, la serotonina, la oxitocina, la dopamina, y la endorfina:

- La **serotonina**, que regula el estado de ánimo. Agradecer, disfrutar de la naturaleza o recordar momentos importantes atrae más a nuestro organismo.
- La **oxitocina** reduce el estrés y aumenta la libido. Seguramente, por ello meditar, abrazar a las personas o ser generoso son algunas de las mejores respuestas a problemas como el trastorno de ansiedad.
- La **dopamina**, la hormona del placer. El deporte, descansar bien o reconocer logros son algunos de los ejercicios que nos ayudan a sentirnos mejor.
- La **endorfina**, que reduce la sensación de dolor. Reír, practicar *hobbies* o disfrutar de la familia y amigos son actividades que hacen que la pena sea más fácil de llevar.

Las acciones que te propongo realizar están orientadas a poder atraer más y mejor la buena química, formada por esas sustancias.

Pero también existen malos hábitos que pueden atraer lo contrario. Por ello es tan importante absorber lo positivo como aprender a alejarnos de las hormonas de la infelicidad.

EVITA LAS SUSTANCIAS TÓXICAS

> Jugando con las drogas estás jugando a la
> ruleta rusa con tu vida y tu felicidad.
>
> GIO ZARARRI

*Pronto podrás poner en práctica algunas de las mejores
habilidades para disfrutar más y mejor de la vida. Para
empezar, te aconsejo observar tu día a día y eliminar todo
aquello que intoxica tu organismo. Para que las cosas estén
en armonía, la armonía debe empezar dentro de ti.*

Del mismo modo que es posible sentir hiperventilación, taquicardia o muchos de los angustiosos síntomas
propios de trastornos como la ansiedad, también es posible ejercitarse para llegar a sentir lo contrario.

En mi convivencia junto a este trastorno, esta fue una
de las más importantes lecciones que descubrí: de nada
servía dar paso alguno si antes no se elimina o se reduce
todo aquello que me mantenía alterado. Ante el trastorno
de ansiedad, de nada sirve querer dejar de sufrir sus incómodos síntomas si seguimos tomando cinco cafés al día o
no eliminamos el uso de sustancias que activan y mantienen en nuestro organismo ese incómodo estado de alerta.

Si has sufrido este tipo de problemas, entenderás fácilmente a lo que me refiero, sabrás que si sientes el renacer
del problema, la primera acción para volver al equilibrio y
recuperarte será eliminar las sustancias excitantes y tóxicas de tu vida. Y lo mismo ocurre con otro tipo de problemas emocionales.

LO QUE DICE LA CIENCIA

Existen muchos tipos de sustancias, pero voy a tratar las más conocidas y su efecto en el trastorno de ansiedad: la cafeína y el cannabis, que pueden considerarse opuestas, pero que no lo son en lo que se refiere a la activación de ese sistema simpático que nos mantiene alerta.

La cafeína y las sustancias excitantes

La cafeína es la sustancia más consumida en los países desarrollados, aunque es importante entender que, si sufrimos de ansiedad, es una de las sustancias con un efecto más directo sobre esta, y en ese caso es mejor evitar o al menos dosificar su consumo.

El café tiene propiedades estimulantes del sistema nervioso simpático, atributos que estimulan y mantienen la activación de la respuesta de estrés, favoreciendo un desequilibrio mayor, cuantas más tazas consumas. El efecto activador de esta sustancia se debe a la supresión de la hormona adenosina, que se encarga de activar el sistema nervioso parasimpático. La cafeína actúa por ello como enemigo de nuestro sistema de relajación, aumentando la intensidad de la transmisión de señales nerviosas.

Podemos comprender fácilmente que otras sustancias y drogas excitantes, como puede ser la taurina, la cocaína o el speed, son más potentes aún, con lo que si una taza de café puede provocar desagradables síntomas, no hay que profundizar demasiado para entender que el efecto de estas otras sería muchísimo más grave tanto en la potencia como en la duración y las consecuencias.

Con estos detalles y sin ánimo de alarmarte, quiero que seas consciente de que el uso de drogas como la cocaína no solo es un hábito muy perjudicial —y más si sufres un trastorno—, sino que también favorece la aparición de delirios y alucinaciones, y, algo más preocupante aún, se cree que uno de cada tres esquizofrénicos la han consumido, una realidad que hace entender que el consumo de cocaína podría provocar este trastorno.

Un buen consejo que puedes poner en práctica de inmediato sería reducir las tazas de café para comprobar si notas un efecto directo en tu ansiedad o niveles de estrés. Si consumes cocaína o derivados, hazte un favor de por vida y déjalas para siempre.

El cannabis

Conocido también como «marihuana» o «hachís» es, después del tabaco y el alcohol, la droga más consumida en España y la mayoría de los países occidentales. Se tiende a considerar que su efecto es depresor, aunque provoca un estado de euforia actuando sobre diversos receptores del sistema nervioso.

Existen muchos movimientos sociales a favor de su legalización, pero creo que se debería tener en cuenta que su consumo continuado no es para nada saludable ni recomendable. Los supuestos efectos positivos, en comparación con las consecuencias negativas, no justifican en absoluto su consumo.

El hecho de que la planta posea un principio activo con posibles resultados beneficiosos, y que la investigación médica lo observe como una opción terapéutica —solo para casos y pacientes muy concretos, y siempre aislando su principio activo y controlando su dosis y concentración—, no quiere decir que su consumo sea bueno.

Una intoxicación por su consumo, o lo que se conoce como un «mal viaje», puede provocar ansiedad, despersonalización, pánico, sensación de muerte, paranoia, parálisis o alucinaciones, entre muchos síntomas más. Por eso me atrevo a preguntar a cualquiera que piense lo contrario, ¿todavía crees que es buena?

Los «buenos viajes» son esos en los que los efectos del cannabis estimulan la liberación de dopamina y opioides en el cerebro, hormonas que generan la sensación de bienestar que busca quien la consume. Pero teniendo en cuenta la cantidad de alteraciones y problemas que están detrás de su uso, creo que en caso de hacerlo deberíamos ser mucho más cautos y responsables.

Seguramente existan muchos factores puntuales que favorezcan que el viaje sea bueno o malo, pero es muy probable que si convives con la ansiedad o sufres depresión, este no tenga nada de bueno.

La ciencia ha demostrado que, aunque la genética pueda predisponernos a sufrir un trastorno, serán los factores ambientales los que finalmente lo determinen. Es decir, será nuestro estilo de vida el que decida la manera en que se manifiesten nuestros genes; y entre todos los motivos, las drogas, tanto a corto como a largo plazo, son uno de los ingredientes más directos y fatales en el desarrollo de las enfermedades mentales. Estando su uso detrás de gran número de peligrosas patologías con las que nadie tendría que jugar, deberíamos aceptar que el beneficio jamás será suficiente para contrarrestar el daño que pueden provocar.

Alimentos que favorecen el desequilibrio

Como hemos visto, el uso de ciertas sustancias está detrás de un gran número de patologías, y lo mismo sucede con el consumo inadecuado de algunos alimentos, elementos que pueden cultivar en nosotros la negatividad y la desgana, restándonos no solo en energía sino también en actitud, haciendo con ello más difícil nuestra reacción positiva a los problemas.

Los estudios revelan que para reducir la ansiedad o la apatía conviene limitar el consumo de grasas, té, alcohol, sales y azúcar, aditivos y otros productos artificiales. Por el contrario, es importante no descuidar el consumo de carnes, pescado, huevos, cereales, leche, verduras, agua, fruta y frutos secos.

Y tan importante como lo que se come, es cómo se hace, ya que el estrés y la ansiedad pueden agravarse por ello. No comer demasiado rápido, masticar bien, no hincharse o beber lo justo son hábitos que ayudan a cultivar virtudes como la paciencia, a favorecer una mejor digestión y a conservar más energía para disfrutar con alegría cada nuevo día.

LO QUE DICE LA EXPERIENCIA

Tanto en mi primera experiencia junto a la ansiedad como ante momentos en los que me he sentido emocionalmente más vulnerable, poner en práctica las acciones que he intentado transmitir en este capítulo han sido mi principal acción para controlar y contrarrestar los efectos del estrés o la tristeza.

La vida me ha demostrado que de nada sirve intentar caminar hacia la mejora si antes no evitamos todas aquellas piedras que, consciente o inconscientemente, ponemos en nuestro camino. Por ello, es importante alejar de nuestra vida todo lo que nos mantiene en el problema, y lo primero es saber qué sustancias debemos incluir en nuestra dieta y cuáles no, ya que de ello depende nuestro equilibrio orgánico.

Conviviendo con la ansiedad me di cuenta del efecto directo de la cafeína, hasta el punto de que tomar o no esa taza de café podía activar o desactivar sensaciones tan complicadas y difíciles de llevar como la taquicardia, la hiperventilación o los mareos. Esta realidad me llevaba a una única e importante apreciación: si dejaba de hacerlo, muchos de esos complicados síntomas que me acompañaban cesarían o al menos se reducirían. Por tanto, adoptaría una fácil solución: cuanta más ansiedad, menos café, y si necesitaba dejarlo del todo por un tiempo, no era una tarea difícil de llevar a cabo.

Con acciones tan sencillas como esta comenzaba a sentir el lado positivo de convivir con la ansiedad, los síntomas tenían causas y sin causas no había síntomas, con lo que ese modo de gestionar mi organismo me ayudaría a disfrutar más de sensaciones de calma y a eliminar esas otras que dificultaban mi presente, una reacción útil e incluso agradable para afrontar el problema.

He aprendido mucho de este trastorno, o mejor dicho con él, ya que otra de las verdades que no solo acepté sino que pronto incorporé en mi estilo de vida fue considerar que, al menos en mi caso, el uso de drogas jamás me traería cosas buenas; me di cuenta de que las drogas, cuanto más lejos, mucho mejor.

Reconozco haber sufrido en el pasado uno de esos «malos viajes» fruto del consumo de marihuana, y puedo asegurarte que no existe una situación más parecida a una crisis de pánico, o a lo que hemos llamado «distorsión cognitiva». Cuando esto ocurre, se activa nuestro sistema de alerta, ya que nos sentimos en peligro, y una ansiedad paralizante fluye por nuestro organismo.

Si lo has sufrido o has conocido a alguien que lo haya tenido, puedes entender de lo que hablo. Por ello, es ridículo pensar que fumar marihuana o hachís, o hacer uso de cualquier otro tipo de drogas, pueda ayudar a superar o sentirte mejor ante realidades como la ansiedad, ya que más bien puede darse todo lo contrario. Me refiero a que al realizar un «mal viaje» se potencien nuestros miedos irracionales y la sensación de falta de control, favoreciendo el pánico y haciendo mucho más complicado superar el problema. Y si tenemos en cuenta cualquier otro trastorno, la situación no cambia, el efecto depresor y estimulante del sistema nervioso simpático no devolverá nuestro cuerpo al equilibrio, sino todo lo contrario.

Por todo ello, no dudes ni pongas excusas que te mantengan engañado. Si quieres estar bien, ¡mantente alejado de las drogas!

ACCIÓN

> **Nota:** Tanto en esta acción como en la reacción que sigue, y en las sucesivas acciones y reacciones de los siguientes capítulos, sería recomendable que anotaras tus progresos en el «Diario», especificando cuándo y cómo pones en práctica las acciones y cómo influyen en tu bienestar.

Antes de seguir, es importante que reconozcas que las drogas no van a aportar nada bueno a tu vida ya que, seas como seas y tengas la carga genética que tengas, jugando con ellas estás jugándote la vida, y pones en riesgo tu salud física y mental. Por ello, evalúa tu presente o tu pasado y recapacita acerca de cuanto acabas de leer. ¿Aún crees que las drogas pueden traer algo bueno a tu vida?

Acción: Protege tu cuerpo

- **Reduce el consumo de café y no hagas uso de drogas:** Intenta no superar tres tazas de café diarias. Haz la prueba durante la próxima semana y nota el cambio. Sobre las drogas, has visto que no solo afectan en el desarrollo de trastornos comunes, sino que están detrás de buena parte de las peores patologías mentales, por ello no quiero alertarte sino prevenirte, y no dejes para mañana lo que puedas hacer ya. Deja las drogas.

- **Come bien:** Si sueles sentirte desganado y con falta de energía, es probable que no te alimentes correctamente. Prueba a eliminar las grasas y los azúcares de tu dieta, introduce más fruta, carne y pescado y no ingieras cenas demasiado copiosas.

Si empiezas con estas sencillas prácticas y notas los resultados, pronto podrás observar que te sientes más sano y fuerte que nunca.

REACCIÓN

Este es uno de los apartados más interesantes y claros de todo cuanto este libro quiere demostrar: la importancia de cuidarnos para disfrutar de una vida mejor. Cuidados que pueden ser mucho más efectivos, directos y rápidos de observar si sufrimos un elevado estrés o ansiedad.

Si este es tu caso, pronto observarás el efecto directo de estas reacciones en tu vida.

Para comprender mejor cómo volver a sonreír, es importante tener en cuenta que las drogas o los excitantes son algunos de los factores que más influyen en mantener y potenciar el trastorno, son elementos que, cuanto antes evitemos, antes podrán calmar nuestro dolor.

Reacción: Protege tu cuerpo

- **Reconoce los síntomas en tu cuerpo:** En primer lugar, sería muy útil que observases los efectos negativos que hemos tratado. Por ello, reconoce los síntomas de tu problema, aprecia ese conjunto de sensaciones y anótalos en tu diario.
- **Elimina el café de tu presente:** Puedes hacer la prueba de cómo te afecta el café observando los cambios físicos y psicológicos que provoca en tu organismo. Te animo a notar cómo tu taquicardia, hiperventilación y nerviosismo aumentan. Podrás observar esa relación entre los excitantes y tu estado; por ello, no esperes más, elimina el café de tu presente y observa cómo vuelves a recuperar el control.
- **Dieta antiansiedad:** Consume alimentos ricos en triptófano, vitamina B, carbohidratos, omega 3 y proteínas, y evita todo tipo de comida basura. No comas rápido ni mientras caminas, mastica bien y no te llenes, no comas hasta sentirte hinchado, y menos antes de dormir.

Tu vida no va a cambiar si tú no cambias, por ello, empieza a hacerlo desde dentro y verás cómo cambia también el mundo en torno a ti. Haz la prueba y mantén este tipo de acciones en tu vida, te aseguro que hacerlo solo traerá cosas positivas, cosas tan agradables como las que podrá aportarte el antidepresivo natural más barato y fácil de conseguir, y del que hablaré detalladamente en el próximo capítulo.

HAZ DEPORTE Y TE SENTIRÁS MEJOR

> *Post nubila phoebus* ('Después de las nubes sale el sol')
>
> Proverbio latino
>
> ... y si corres hacia él, es seguro que despejará antes.
>
> GIO ZARARRI

Experimentamos la vida a través de nuestro cuerpo y emociones, una realidad en la que nunca faltará el dolor ni la felicidad. Para atraer más de esta última y sobreponerse a las dificultades, la mejor medicina podremos encontrarla en el ejercicio, el mejor y más barato antidepresivo con que nos ha obsequiado la naturaleza. Pronto descubrirás —la ciencia lo deja bien claro— que, si necesitas alegría, no hay nada mejor que correr hacia ella...

Todos los estudios revelan que el ejercicio físico tiene efectos beneficiosos sobre la ansiedad, el estado de ánimo y la depresión, beneficios que pueden obtenerse tanto realizando un ejercicio puntual como con la practica regular. También se ha demostrado que practicar deporte de forma regular tiene efectos antidepresivos, convirtiendo a esta actividad en uno de los mejores y menos costosos antidepresivos que podemos encontrar en la naturaleza.

Respecto al trastorno de ansiedad, los científicos concluyen que el ejercicio físico no solo mejora los niveles de estrés en las personas sino que puede incluso reducir la «ansiedad rasgo», e incluso disminuir la predisposición a padecerla. Estudios científicos realizados en la Universidad de Princeton demostraron que la práctica regular del deporte detiene la actividad de las neuronas en las áreas del cerebro vinculadas con la respuesta de estrés.

Realizar deporte regularmente se ha convertido en uno de los hábitos más importantes en mi vida, ya que muchos son los beneficios que aporta, entre ellos:

- **Beneficios psicológicos**: Mejora el estado de ánimo, el manejo de emociones con efecto negativo como la ira o la tristeza, la calidad del sueño, la sensación de fortaleza, la seguridad y el control sobre uno mismo y sobre el medio. Una realidad que aumenta nuestra autoestima.
- **Beneficios biológicos**: Mejora también la regulación del sistema cardiovascular y respiratorio, lo que incrementa la habilidad para modular nuestra reacción de calma ante las demandas del entorno, activando el sistema nervioso parasimpático y manteniendo en equilibrio nuestro organismo.

El ejercicio también estimula el sistema inmunológico, ya que facilita la eliminación de sustancias nocivas y propicia la regeneración del mismo. También favorece el incremento del número de linfocitos, disminuyendo el riesgo de aparición de enfermedades, y produce un incremento de los niveles de noradrenalina, implicada en la respuesta al estrés.

Tal vez un aspecto importante a tener en cuenta respecto al ejercicio físico es que muchas personas que sufren ansiedad creen e incluso sienten que el deporte, lejos de ayudarles a eliminar los síntomas de este trastorno, los empeora... Todo se debe a un pequeño error de cálculo o de atención, que también la ciencia se ha encargado de explicar. Esto se debe a que las personas ansiosas están alerta ante cualquier señal que las mantenga en ese estado. De este modo, cuando hacen ejercicio físico pueden estar más atentos a esos cambios físicos y psicológicos derivados de esa práctica, temiendo especialmente la hiperventilación, la taquicardia o la sudoración. Por todo ello, si alguien con este trastorno observa estos cambios, se alarmará e interpretará, de manera errónea y catastrófica, la relación de estas sensaciones con su ansiedad.

Cualquier tipo de ejercicio físico activa inicialmente el organismo y también el sistema circulatorio y respiratorio, por lo que muchas personas pueden asociar estos cambios con el hecho de sufrir un ataque de pánico y por ello prefieren evitarlo, e incluso rehúyen realizar actividades como mantener relaciones sexuales, subir escaleras o correr. Pero nada más lejos de la realidad, ya que todos los estudios concluyen que el ejercicio físico ayuda a gestionar y reducir los síntomas del trastorno de ansiedad, y cualquier persona que haya continuado con el deporte, sin fijarse únicamente en esa activación inicial, puede notar que —aunque al principio parezca lo contrario— el organismo acaba activando nuestro «modo relajación» y nos permite disfrutar de mayor calma y claridad mental. De hecho, uno de los principales aliados para mantener la ansiedad en nuestras vidas puede ser un estilo de vida sedentario, ya que si al bloqueo mental propio de este trastorno le añadimos el bloqueo físico, es probable que sea mucho más complicado superar este o cualquier otro problema.

LO QUE DICE LA EXPERIENCIA

En mi convivencia con la ansiedad observé que el objetivo era uno y bien claro, dejar de sentir sus insufribles síntomas para volver a disfrutar de la vida en buenas condiciones. En esa lucha, correr, caminar o realizar cualquier tipo de actividad física ha sido y seguirá siendo uno de los mejores medios y remedios para conseguirlo.

Ya sabemos que dar vueltas a los síntomas no soluciona nada, sino todo lo contrario, por lo que, si en vez de invertir este tiempo en vano investigando posibilidades que no existen, aprovechamos para salir a correr o caminar, pronto nos sentiremos mejor.

Practicando deporte me daba cuenta de que optimizaba mi energía, regulaba mi organismo, limpiaba mi mente, e incluso me ayudaba a recuperar esa sonrisa tan necesaria.

Espero que hayas aceptado que el deporte es uno de los mejores antidepresivos naturales, y como ya sabes que las drogas o los ansiolíticos en exclusiva no ayudan, es mucho más sabio recurrir a la naturaleza que a desconocidos fármacos que pueden hacer bien hoy pero muy mal mañana. Como señalé en *El fin de la ansiedad*, la ansiedad no deja más soluciones que la de actuar, por ello salir a correr varias veces por semana ha pasado a convertirse en uno de mis hábitos preferidos.

Para animarte a que no esperes a mañana, te contaré algunos de los beneficios que el deporte trajo a mi vida:

- El ejercicio provoca un efecto en tu estado de ánimo, inmediatamente te sentirás mejor al advertir que los síntomas de tu ansiedad se reducen.
- Te ayuda a controlar la mente y a ordenar tus pensamientos.
- Tendrás más energía y sea cual sea tu edad y condición podrás realizar tareas que antes considerabas imposibles, y aprenderás a ser más tenaz en la vida ganando en voluntad.
- Dormirás mejor y te limpiarás por dentro y por fuera, tu circulación mejorará, también lo hará tu piel e incluso tus sueños.
- Bajarás de peso acercándote a tu peso ideal en el caso de que puedas necesitarlo. Te gustarás más y también les gustarás más a los demás.
- Reconocerás que tú eres el responsable de tu vida.

Tu vida no va a cambiar si tú no cambias. Con la ansiedad y ante este tipo de trastornos, tienes dos opciones: no hacer nada y vivir condicionado, o buscar unas buenas zapatillas y ponerte a correr para hacer que pase la tormenta y puedas disfrutar del sol lo antes posible. ¡Tú decides!

ACCIÓN

Podríamos dividir los tipos de ejercicios en dos, aeróbicos o anaeróbicos.

Los ejercicios aeróbicos son prácticas de media o baja intensidad y larga duración en las que el organismo necesita quemar hidratos y grasas para obtener energía utilizando oxígeno. Los ejemplos más conocidos son correr, nadar, caminar, pedalear en bicicleta...

El deporte anaeróbico suele ser más breve y de mayor intensidad, se desarrolla en los músculos y en sus reservas energéticas sin usar el oxígeno de la respiración. Las pesas, las abdominales o cualquier ejercicio con un alto esfuerzo en tiempo breve son algunos ejemplos.

Nota: Si tenemos en cuenta el tipo de ejercicio y su influencia en nuestro sistema nervioso, sabiendo como sabemos que el sistema parasimpático nos ayuda a relajarnos, está demostrado que los ejercicios aeróbicos activan nuestro modo relajación, mientras que los anaeróbicos consiguen lo contrario. Por ello, los deportes de tipo aeróbico son los más indicados para combatir el estrés, la ansiedad y otros problemas emocionales.

Acción: Haz deporte

- **Elige «tu mejor deporte»:** Descubre el ejercicio que mejor se adapte a ti. Puedes correr o caminar, jugar a fútbol o a pádel, o realizar cualquier otro ejercicio que exista o quieras inventar. No hay excusas de edad o condición, por lo que te animo a que busques el tuyo, ya que igual que sucede con las películas en el cine, existen deportes para todos los públicos.
- **Practícalo varias veces por semana:** Prueba a hacerlo un mínimo de tres veces por semana y siente sus beneficios. La ciencia y la experiencia han demostrado que el deporte no solo hará que te sientas mejor sino que alejará y reducirá la predisposición a sufrir enfermedades incrustada en tus genes. Ahora que lo sabes, mejorar solo depende de ti.

REACCIÓN

Si sufres un problema emocional, puedes reconocer fácilmente que los síntomas no desaparecerán por sí solos, y que tampoco existe pastilla alguna que los elimine para siempre. En cambio, creo que ha quedado claro que si cuidamos la química de nuestro cuerpo y la mejoramos con actividades como el deporte, los síntomas se reducirán en gran medida.

Por experiencia propia sé que la mayor dificultad de atarse las zapatillas y salir a correr tiene un nombre: «desgana»; pero para combatirla existe un truco muy sencillo: ser más rápido que ella. En cuanto algo dentro de ti te diga déjalo para mañana, reacciona, ponte unas zapatillas y sal por la puerta de casa sin pensarlo dos veces (no te olvides de las llaves), pocos pasos más tarde te sentirás mejor y agradecerás el haberlo hecho. Si el horario es bueno, te animo a que hagas la prueba ahora mismo y notes los resultados.

El mejor deporte para combatir la ansiedad depende de cada persona, pero, como has visto, es el de tipo aeróbico el más indicado, ya que potencia la activación del sistema parasimpático, pues relaja nuestro cuerpo y elimina la complicada respuesta estresante.

Actividades de este tipo, como salir a correr, caminar o nadar, mejoran la circulación y facilitan el descanso. Los deportes grupales como el fútbol o el baloncesto contribuyen a aumentar las relaciones sociales, mitigan los efectos de la tristeza e incluso pueden reducir la fobia social. Otros ejercicios de menor intensidad, como el yoga o el pilates, ayudan a controlar la respiración, ganar consciencia, relajarnos y gestionar de manera más positiva el día a día, siendo muy indicados para tratar las fobias y las obsesiones.

Antes de realizar ningún tipo de ejercicio te recomendaría que realices una introspección, que mires dentro de ti, observando cómo eres, cómo te sientes y cómo te gustaría sentirte. Si estás triste o decaído sería bueno elegir un deporte que te llene de vitalidad, y si de paso puedes hacerlo en algún entorno que pueda inspirarte o motivarte, como la playa o la montaña, mucho mejor.

Reacción: Haz deporte

- **Elige tu «deporte antiansiedad»:** Elige la actividad que más te convenga para combatir la ansiedad entre las que te he recomendado en este apartado, como el yoga, caminar o cualquier tipo de actividad aeróbica, y empieza ahora.
- **Practica varias veces por semana:** Deja a un lado las excusas, tus problemas no van a alejarse si no trabajas en ti. Sea cual sea el ejercicio que elijas, realízalo un mínimo de tres veces por semana. Tras hacerlo, escucha a tu cuerpo y a tus sensaciones y responde a esta pregunta: ¿No te sientes mejor, más calmado y consciente?

Puedes registrar estas prácticas en tu «Diario» y percibir que el hecho de hacerlo está cambiando el modo en que convives con tus problemas. Considerados de la manera justa, la ansiedad, el estrés o la tristeza, tal vez sean males que han llegado a tu vida para hacerte ver que puedes ser alguien más sano y feliz de cuanto creías posible.

RELÁJATE Y RESPIRA

El aire es tu alimento y tu medicamento.

ARISTÓTELES

Como habrás observado, el desequilibrio y el sufrimiento van de la mano, se trata de un desorden provocado por mantener niveles elevados de estrés que complican nuestro rendimiento ante la vida. Si queremos recuperarnos y poder dar lo mejor de nosotros, no existe un ejercicio más rápido y eficiente que aprender a respirar y devolver así a nuestro cuerpo a ese estado en que se siente pleno y feliz, el de la calma.

En mi primera experiencia con la ansiedad, mientras comprendía cómo funcionaba, y realizaba ejercicios para intentar calmarla, me di cuenta de que tal vez la acción más efectiva y directa para tratarla y salir del círculo vicioso del miedo era conseguir relajarse. Para ello, respirar lentamente parecía la mejor solución, hasta que descubrí la llamada «respiración diafragmática».

Mi carácter ansioso volvía de vez en cuando. Y cuando notaba sus síntomas, me daba cuenta de que una de las acciones más directas para reducir esas sensaciones era esta. Por ello, no me limité a recuperar este buen hábito sino que fui más lejos, intentando comprender sus beneficios y descubriendo el tipo de respiración más efectivo para tratar los problemas derivados del estrés.

Según estudios científicos, la relajación y la respiración lenta activan el sistema nervioso parasimpático. Como pronto empecé a comprender y a sentir, con este tipo de prácticas era imposible tener ansiedad. La neurociencia descubrió hace pocos años que algunas células del sistema nervioso son las responsables directas de esa relación de causa-efecto. Un estudio publicado por la revista *Science* aclaraba que los científicos identificaron un grupo de unas 350 neuronas situadas entre el cerebro y la médula espinal con dos características específicas:

- La primera es que están más activas cuanto más rápida sea la respiración.

- La segunda es que su misión es la de mandar señales a una región llamada «locus cerúleo», que es la involucrada en la respuesta del cuerpo al estrés y al pánico, y a los estados de alerta, la ansiedad y la angustia.

Este estudio dejaba claro que la respiración rápida tiene efectos estresantes en nuestro organismo, y, por el contrario, la respiración lenta ayuda a disminuir la presión arterial y el ritmo cardíaco, inhibiendo la actividad simpática, cosa que la relajación por sí sola no puede hacer. Una de las claves, como ya he señalado, es que la respiración lenta ayuda a regular y activar nuestro «modo relajación», el sistema parasimpático.

Todo esto explica por qué la respiración consciente durante el yoga, la meditación o la psicoterapia es capaz de modular las emociones, la agitación y el estrés.

LO QUE DICE LA EXPERIENCIA

En mi experiencia personal, creo que fue el efecto de la respiración lenta, junto con distintas técnicas de distracción, lo que me ayudó a aceptar que lo mío era ansiedad y no tenía otro nombre, ya al observar estos cambios en mí, empecé a preguntarme: ¿Qué enfermedad física o mental desaparecería gracias a una respiración más lenta? Este tipo de ejercicios ayuda al organismo a entrar en ese estado de calma, pues cuando estamos calmados de forma natural, no prestamos atención, pero ese es el modelo de respiración que adopta nuestro cuerpo. Así que si logramos «engañar» a la mente y al cuerpo para que crea que estamos relajados, nos relajaremos, atrayendo más claridad mental y equilibrio a nuestro presente.

Ahora te mostraré la técnica más sencilla y eficiente para calmar la ansiedad o cualquier situación en que estemos dejándonos llevar por las emociones: la respiración diafragmática. Para realizarla, durante unos minutos:

1. Pon una mano en tu pecho y la otra sobre tu estómago.
2. Al inspirar, lleva el aire desde la nariz hasta el estómago y comprueba que la zona del vientre se alza, pero sin que se mueva la zona pectoral.

3. Aguanta sin respirar en esta posición durante uno o dos segundos.

4. Suelta el aire por la boca lentamente, hundiendo un poco la zona del vientre, pero sin mover el pecho.

Aguanta sin respirar en esta posición durante uno o dos segundos. Y para que este tipo de respiración sea más efectiva y consiga relajarnos, no hay mejor manera que hacerlo lentamente, por ello:

* Toma aire desde el abdomen lentamente, contando del uno al cuatro.
* Retenlo durante 2 segundos.
* Suéltalo lentamente durante 6 segundos.

> **Nota:** Puedes practicar y ajustar el número de segundos óptimo para tu caso particular en cada uno de los anteriores pasos.

En mi día a día, si los síntomas de la ansiedad o del estrés me dificultan el presente, siento que ha llegado el mejor momento para practicar este tipo de respiración. Esta acción elimina las odiosas sensaciones físicas y también reduce e incluso hace desaparecer esas otras sensaciones más mentales, que me acercaban a estados de pánico, haciéndome creer que podía enloquecer o perder el control.

Acción

Sería bueno intentar ser más conscientes del modo en que nos dejamos llevar por las emociones, practicando una de las técnicas que más beneficios puede aportar a nuestra realidad, una acción que podríamos llamar «respiración del 1, 2, 3».

Aplicar este ejercicio supone reconocer primero cualquier momento en que una emoción comienza a dominarnos, para, después, respirar lentamente y evitar dejarnos llevar por ella. Para conseguirlo bastaría con realizar una respiración lenta (inspiración y espiración) una, dos y hasta tres veces, mientras intentamos valorar la situación de una manera más sana y realista.

Hemos visto la relación directa entre los síntomas, una incorrecta gestión emocional y el modo reactivo en que vivimos. Seguramente a ti, a mí, e incluso al más experimentado monje budista le ocurre lo mismo en muchas ocasiones, pero si aprendemos a realizar más a menudo el anterior ejercicio, podremos ser nosotros y no la emoción quienes controlamos nuestra errónea reacción.

- **Practica la técnica del 1, 2, 3:** Cuando tengas que afrontar una situación complicada o estresante, como puede ser hacer la cola en un supermercado, un atasco o una discusión con tu pareja, un familiar o un amigo, reconoce que es la mejor oportunidad para practicar esta acción. Prueba entonces a respirar lentamente durante unos segundos, y cuenta: 1,

2, 3. Si te sirve, y ayuda, no pares en el 3 y sigue contando...

- **Reconoce que eres tú y no la emoción quien tiene el control:** Poco a poco vuelve a ti y nota cómo te sientes. Agradécete el haber encontrado la calma y reconoce que en ese «modo relajado» eres tú quien tiene el control. Este reconocimiento debe ayudarte a mantener esa intención en tu vida.
- **Respiración para controlar la rabia:** La inhalación provoca que llegue oxígeno —y con ello energía— a nuestro organismo. Si queremos controlar la ira, nos conviene perder energía, y se puede conseguir centrándonos en la espiración. Para ello, exhala con fuerza, vaciando al máximo tus pulmones y haciendo la espiración lo más larga y potente posible, y recuperarás la calma.

Ejercita esta «vuelta a la calma» al menos una vez al día. Cuantas más veces lo hagas, más ganarás en autocontrol, consciencia y alegría, y podrás así aprovechar esas situaciones que antes te estresaban, con el fin de poner en orden tus problemas, descubrir oportunidades o agradecer a la vida todas las cosas buenas que tienes.

REACCIÓN

Espero haberte ayudado a comprender que ante la ansiedad o las dificultades, no existe ejercicio tan directo y efectivo para reducir sus complicados síntomas como la práctica de la respiración lenta.

Por ello, para combatir tu problema, relájate y respira, y ten por seguro que, si lo haces diariamente, la cuenta atrás para recuperarte ha comenzado. Como ya sabes la respiración es muy efectiva para calmar los nervios, ya que apaga el interruptor de la respuesta al estrés para encender su opuesto, ese «modo relajación» que nos mantiene en calma.

En mi vida con ansiedad, utilicé estas acciones cuando los síntomas intentaban engañarme haciéndome creer que todo estaba perdido. Tras hacerlo podía demostrarme a mí mismo que, aunque era complicado reconocerlo, todo aquello no era nada más que otra falsa alarma.

- **Practica la técnica del globo rojo:** Encuentra un lugar cómodo y relajante donde poder estar apartado del ruido y el estrés. Una vez allí, reconoce tu grado de ansiedad o el modo en que las emociones te envuelven. Siéntate cómodamente y posiciona tu mano izquierda sobre el ombligo y la derecha sobre esta, como si abrazases tu barriga. Cierra los ojos y comienza a respirar lentamente. Mientras lo haces, imagina que tu vientre es un gran globo rojo que se hincha al inspirar y deshincha al espirar. Realiza este ejercicio durante un mínimo de cinco minutos al día y observa los resultados en lo que respecta a tu estrés o agitación. ¿Notas el cambio?

- **Activa el «modo relajación»:** Siempre que la ansiedad o tus emociones te lleven a estados de pánico y sientas poder perder el control, frena y practica la respiración diafragmática durante unos minutos hasta que consigas relajarte. Como ya sabes, este entrenamiento activa el control parasimpático y el descenso del ritmo cardíaco. Para la gestión de la ansiedad, es recomendable automatizar este tipo de respiración con el fin de mantener un cierto control positivo sobre nuestro sistema nervioso.

Nota: No hay mejor consejo que mantener este tipo de prácticas en nuestra vida, bien sea parándonos cinco minutos al día para hacerlo, o practicándolas cuando se presente la ocasión.

Para conseguir conectar contigo, reconocer que es el momento de cambiar los pensamientos «ansiosos» por otros «valiosos», utiliza la técnica de respiración que más te guste y ayude, y no te frustres, el camino no es sencillo pero sí posible.

De hacerlo, tus niveles de estrés se verán reducidos, gestionarás mejor las complicaciones y podrás reconocer que el verdadero problema, la mayoría de las veces, solo está en tu cabeza.

DESCANSA MÁS, VIVE MEJOR

El sueño es la única medicina efectiva.

SÓFOCLES

Pocas prácticas son más efectivas y potentes para recuperar energía, claridad mental y ganas de vivir que un descanso adecuado. En este capítulo comprenderás los muchos beneficios que puede traer a tu vida descansar y todos esos peligros que conlleva el no hacerlo en condiciones.

Como podrás notar si trabajas en ello, todas las técnicas que estás conociendo ayudan a que puedas sentirte mejor, y también están relacionadas entre sí. De nada ayudará realizar ejercicios de respiración o realizar deporte, si después seguimos tomando diez tazas de café al día o, peor aún, hacemos uso de drogas, como tampoco ayuda cuidarse en estos aspectos si luego no cultivamos la práctica de la relajación.

Uno de los mejores ejemplos para reconocer la importancia de esa relación sería comprender que ninguna práctica tendría efecto si no tenemos en cuenta esta nueva necesidad, la de descansar en condiciones.

Muchas teorías aseguran que el ser humano moriría si no existiese el sueño y el descanso, una verdad que nos ayuda a aceptar la importancia vital que tiene ese arte de recargar las pilas durante la noche, para poder usarlas durante el día.

Para comprenderlo, puedes responder a las siguientes preguntas: ¿Cuántas veces te ha jugado una mala pasada el hecho de no haber descansado bien, y te has levantado sin energías, sin ganas ni fuerzas para afrontar el día? ¿Y cuántos de esos días has metido la pata?

Puedo atreverme a ser más directo preguntándote: ¿Has probado a realizar alguna vez un examen o una entrevista sin dormir lo suficiente? ¿Has hecho alguna vez lo contrario aunque no estuvieras en las mejores condiciones?

Si tenías un evento importante, es probable que te fuera mejor cuando dormiste más, al igual que si sufres un problema y no has descansado, al día siguiente todo será más complicado. Esto se debe a que, entre otros factores, el sueño favorece el estudio, la energía, la memoria y la retención de nuevos aprendizajes; es decir, de un modo parecido al efecto que tiene el deporte a la hora de expulsar las toxinas del cuerpo, dormir ayuda a retener lo bueno y eliminar lo malo.

Así funciona la vida, y así funciona el reposo, una acción fundamental que también desempeña un rol esencial en nuestro bienestar emocional.

El sueño ayuda a consolidar nuevos recuerdos y a actualizar los antiguos sobre la base de lo que acabamos de aprender, y también a crear nuevas conexiones neuronales filtrando las que no tienen importancia. Así, descansando, nuestra parte racional puede poco a poco poner orden en ese desbarajuste mental y emocional que surge cuando debemos afrontar conflictos, ya que el cerebro descansado sabe qué información nueva es importante para mantenerla y, por el contrario, qué otra puede desaparecer. En definitiva, para mantener nuestro organismo en equilibrio, es indispensable descansar en condiciones.

LO QUE DICE LA CIENCIA

Siempre he notado la influencia de un buen descanso en mi calidad de vida, y debo decir que dormir es una de las actividades que más me gustan, por el bien que reporta a cada uno de mis días.

Mientras vivía en Roma descubrí algunos beneficios de este arte gracias a un experimento científico en el que participó un buen amigo, Marco Pasquini, junto a otros estudiantes universitarios que tenían el objetivo de mantenerse el máximo número de horas despierto.

Para empezar, durante un fin de semana, mi amigo cambiaría los bares y discotecas por una sala de hospital en la que distintos científicos controlarían sus constantes vitales y señales cerebrales, con el fin de observar cómo afectaba el sueño, o mejor dicho la falta de este, a su organismo. Aguantó un total de 31 horas despierto, una cifra que yo jamás intentaré superar, consiguiendo así, al mismo tiempo, limpiar su organismo de alcohol y humo. Gracias a ese esfuerzo de todos los participantes en el experimento, los médicos obtuvieron nuevos datos relevantes de cómo afecta la falta de descanso en el ser humano, y descubrieron algunos beneficios del sueño:

- **Aumenta nuestra creatividad:** Cuando el cerebro está descansado, la memoria funciona a la perfección, eso hace que la imaginación sea más potente y seamos más creativos.
- **Mejora nuestra memoria:** Esto es debido a que fortalece las conexiones neuronales. Durante la fase

REM del sueño, el hipocampo, el almacén de nuestra memoria, se restaura, transformando la memoria a corto plazo en memoria a largo plazo.

- **Ayuda a perder peso:** El insomnio provoca que el estómago libere la hormona del apetito y nos haga comer más.
- **Mejora nuestra salud:** Debido a que nuestro sistema inmunitario emplea el descanso para regenerarse.
- **Protege nuestro corazón:** No dormir eleva los niveles en sangre de las hormonas del estrés, aumentando con ello la tensión arterial y la frecuencia cardíaca.
- **Reduce la depresión y la ansiedad:** Cuando dormimos, el cuerpo se relaja y eso facilita la producción de melanina y serotonina, hormonas que contrarrestan los efectos del estrés y nos ayudan a ser más fuertes emocionalmente. La falta de sueño provoca, por el contrario, una liberación sostenida de las hormonas del estrés y la activación del sistema nervioso simpático, una situación que, como ya sabes, nos conviene evitar.

Y del mismo modo que hay beneficios si dormimos, existen grandes **riesgos** en caso de no hacerlo, ya que se ha demostrado que la **falta de sueño:**

- Incrementa por cuatro el riesgo de ictus, y hasta por tres el riesgo de padecer un infarto.
- Está directamente relacionado con la obesidad y la diabetes.
- Favorece la pérdida de memoria.
- Deteriora los huesos.

- Aumenta el riesgo de cáncer.
- Y en casos extremos puede incluso provocar la muerte directa.

En resumen, no es posible la vida sin dormir, y menos mal que tanto a mi amigo Marco como al resto de los seres humanos... al final nos puede el sueño.

LO QUE DICE LA EXPERIENCIA

Así como hay situaciones en las que nuestra forma de ser, personalidad o genética, parece jugar en nuestra contra, también existen otras en las que lo hace a nuestro favor. En mi caso, cuidar y disfrutar de un buen descanso es una de ellas, ya que dormir es una de las acciones que me hacen sentir mejor desde niño, un hábito que puedo considerar innato.

Y más que explicar los beneficios que me ha proporcionado descansar bien, me centraré en cómo afecta todo esto a mis niveles de estrés o de ansiedad, al margen de afirmar que durmiendo bien me siento con más ganas, vitalidad, alegría y energía, y que dormir no solo pone en orden mis ideas sino también mis aprendizajes.

Conviviendo con la ansiedad descubrí que de nada servía meditar, respirar más lentamente o hacer ejercicio, aunque con ello pusiera a raya los síntomas físicos, sin el descanso necesario para gestionar también los síntomas mentales. Los miedos, las preocupaciones y las distorsiones intermitentes e interminables se descontrolaban si no había dormido bien.

Del mismo modo que conectando el móvil a la corriente aumenta el nivel de carga de batería, lo mismo sucede con nuestro tanque de energía cuando nos conectamos al sueño. Lo llenamos durante la noche, pero en caso de no hacerlo bien, no dispondremos de suficiente fuerza para afrontar el nuevo día, y si el día va a ser estresante o complicado —algo muy común cuando se tiene ansiedad—, será aún más importante que la batería esté cargada.

Esta energía nos ayudará a pensar y actuar mejor, a dar respuesta a necesidades diarias como caminar, trabajar o conducir, pero también a responder oportunamente a nuestras preocupaciones.

Cuando dormimos pocas horas o el sueño no es reparador, esta batería personal no se llena, y son muchos los problemas que ello trae consigo, como fatiga, irritabilidad, nerviosismo o aumento en los tiempos de reacción. Dormir poco o hacerlo mal tiene un efecto directo en cualquier dificultad o trastorno. En mi experiencia ante la ansiedad, si en días anteriores había dado varios pasos hacia delante, un mal descanso me hacía dar el doble de pasos hacia atrás, con lo que la frustración, el estrés y la irritabilidad lo complicaban todo.

ACCIÓN

Existe una patología directamente asociada al sueño que suele manifestarse unida a otros problemas o también venir sola, un trastorno conocido como «insomnio», que se estima lo padece uno de cada diez adultos en el mundo.

Si este es tu caso, no hay nadie mejor que un médico para ayudarte. Tanto si lo sufres como si no, te daré algunos consejos prácticos que pueden ayudarte a descansar más y mejor.

Acción: Descansa mejor

- **No comas en exceso antes de dormir:** Tu organismo necesita hacer la digestión después de una comida, por lo que no comer demasiado, o elegir alimentos como el pescado antes de descansar, facilita la digestión y ayuda a conciliar el sueño.
- **Cuida tus horas de sueño:** Muchos estudios recomiendan dormir entre 7 y 9 horas al día, y para conseguirlo es recomendable hacerlo antes de medianoche y mantener una disciplina y un horario.
- **Evita el uso de dispositivos electrónicos antes de acostarte:** Lo contrario dificulta la calidad del sueño, ya que las pantallas emiten una luz azul que activa una serie de células que hacen creer a nuestro cerebro que nos encontramos en las horas del día, por lo que inhibe la hormona del sueño, la melatonina, y altera el ritmo circadiano, pudiendo provocar insomnio.
- **Evita las sustancias excitantes y el ejercicio antes de descansar:** Si vas a dormir, intenta no tomar café u otras sustancias excitantes en las horas previas. El ejercicio también nos mantiene activos, debido a ello es mejor evitarlo cuando se acerca el sueño.

REACCIÓN

En la vida con ansiedad, sé que las noches pueden fácilmente convertirse en el peor momento del día, ya que es cuando aparece el compañero más insistente y despiadado: el miedo. Si nuestro cuerpo y nuestra mente están agitados, será difícil conciliar el sueño y atraer la calma para resetear y conseguir desconectar. Seguramente sea entonces cuando más intensos se hagan nuestros síntomas, y mayor nuestra «distorsión cognitiva» o las sensaciones de pérdida de control. Por ello, además de poner en práctica las acciones que veíamos en el apartado anterior, podemos:

Reacción: Descansa mejor

- **Si tomas ansiolíticos, sigue las indicaciones de tu médico:** Utilízalos en el modo aconsejado para conseguir un buen descanso. Si ves necesario usarlos, no te tortures, pero si poco a poco puedes ir dejándolos, será lo mejor, ya que estarás devolviendo a tu cuerpo el equilibrio sin necesidad de fármacos; aparte de que tarde o temprano tendrás que renunciar a ellos.
- **Infusiones para conciliar el sueño:** Si tus niveles de ansiedad siguen siendo altos y dificultan el sueño, puedes probar a tomar infusiones relajantes como, por ejemplo, la valeriana o la tila.

- **Acciones para descansar mejor:** Un buen baño caliente o realizar ejercicios de respiración antes de ir a dormir son algunos de los mejores aliados para disfrutar de un sueño reparador.

- **No rumies preocupaciones ni juegues con emociones fuertes antes de acostarte:** Una buena y sencilla manera de no pegar ojo durante la noche es consultar excesivamente los problemas con tu almohada o llenarte de miedos o angustias antes de dormir. Por ello, no dejes para la noche lo que puedas hacer durante el día, ni leas libros o veas películas demasiado tristes o de terror.

SONRÍE AUNQUE NO TENGAS GANAS

> He decidido ser feliz porque además es
> bueno para la salud.
>
> VOLTAIRE

Espero haber sabido transmitirte el efecto positivo que pueden tener en tu calidad de vida muchos de los ejercicios anteriores, algo a lo que tal vez no dabas importancia o no creías que pudieran tener nada que ver con tu estado emocional.

La actitud con que te muestras al mundo tiene un impacto directo en tu felicidad. Sonríe y muestra seguridad, y el mundo se convertirá también en un lugar más seguro y alegre para ti.

Como sabes, existe una relación directa entre nuestras emociones y sus síntomas, un vínculo que es aún más potente cuanto más rápida sea nuestra reacción, algo que suele ocurrir muy frecuentemente ante los miedos, la rabia o la tristeza.

La emoción da lugar a una sensación física que puede hacer que nos sintamos alterados en mayor o menor medida. Y del mismo modo que la emoción hace al gesto, también el gesto puede crear a la emoción.

LO QUE DICE LA CIENCIA

Hace casi medio siglo un psicólogo llamado Silvan Solomon Tomkins estudió la relación entre la actividad de la musculatura facial y la experiencia emocional, demostrando que los gestos de la cara provocaban reacciones en la persona que los realizaba. Dejó así demostrado que existía una relación directa entre gesto y emoción, y que cambiando nuestros gestos de un modo intencionado, podíamos conseguir cambiar también nuestras emociones. Todas las emociones pueden reconocerse no solo en sus síntomas, sino también en los gestos que provocan. Este fue el modo en que hace años Paul Ekman, un psicólogo pionero en el estudio de las emociones y su relación en la expresión facial, identificó y «puso cara» a las llamadas «emociones universales». Sus estudios revelaron que existen expresiones colectivas, ya que las personas de todo el mundo se ríen de un modo similar cuando están alegres y fruncen el ceño de un modo parecido cuando están enfadadas o intentan estarlo. El papel de la cultura es disimular esos gestos, exagerarlos o suprimirlos, pero la reacción innata en todos los seres humanos, independientemente de su raza, cultura o religión, es expresarlos de una forma parecida.

De este modo Ekman definió seis gestos y emociones universales:

- Con la **alegría** contraemos el músculo que va del pómulo al labio superior y las mejillas se elevan.
- Ante la **tristeza** los párpados superiores caen y las cejas se encorvan hacia arriba, el entrecejo se arruga y los labios se estiran horizontalmente.
- La **ira** se manifiesta en la mirada fija, las cejas juntas y hacia abajo y una tendencia a apretar los dientes.

- Con la **sorpresa** los párpados superiores suben, pero los inferiores se destensan. También la mandíbula suele caer.
- En caso de sentir **asco** contraemos el músculo que frunce la nariz y estrechamos los ojos, elevando el labio superior.
- Y ante el **miedo** los párpados superiores se elevan al máximo y los inferiores se tensan, las cejas levantadas se acercan y los labios se alargan hacia atrás.

Ahora puedes realizar una prueba que te sorprenderá. Prueba a realizar alguno de estos gestos durante unos segundos y después toma conciencia de cómo tu cuerpo empieza a sentir y pensar ese tipo de emociones también, aunque nada tengan que ver con el momento que puedas estar viviendo ahora. ¿Te das cuenta de la relación entre tus gestos, emociones y pensamientos?

También podemos observar que sonreír tiene incontables beneficios para mejorar la forma en la que nos sentimos y afrontamos la vida. La persona que se siente bien interiormente sonríe más, así como quien practica la sonrisa consigue también sentirse mejor por dentro. Muchos estudios demuestran la influencia de este gesto en nuestra salud, en particular en el sistema circulatorio, algo que ha dado lugar a terapias como la **risoterapia**.

El doctor Michael Milles, de la Universidad de Maryland, demostró que ver películas estresantes contraía los vasos sanguíneos, reduciendo el flujo de sangre. Por el contrario, si los participantes del experimento disfrutaban de una comedia, el diámetro de los vasos sanguíneos aumentaba, llegando más sangre y oxígeno a todas las células del cuerpo. Con ello demostró que después de reírnos nuestra tensión arterial baja y nuestro corazón late más despacio, favoreciendo así nuestra relajación. La ciencia también ha demostrado que el simple hecho de sonreír, aunque sea forzado, genera hormonas de la felicidad como la endorfina, la serotonina y otros analgésicos naturales, a la vez que reduce los niveles de hormonas del estrés como el cortisol.

Por tanto, el humor hace que nos sintamos mejor, nos relaja y nos lleva a pensar con mayor claridad y de un modo más positivo. Pero los descubrimientos no terminan ahí, ya que distintos estudios aseguran que practicando la sonrisa:

- Se vive un promedio de 7 años más que no haciéndolo.
- Se aumentan hasta un 60 por ciento las posibilidades de resultar más atractivo a los demás.
- Se confía más.
- Se es más feliz y se ayuda a otros a serlo, debido a las neuronas espejo. Sonriendo ayudas a otros a sonreír.
- Se encuentran más y mejores soluciones a los problemas, como este en el que ya estás trabajando.

Por todo ello, no esperes más y empieza ahora, cambia el gesto y… ¡sonríe!

Afortunadamente, sabiendo lo poco que cuesta y todo lo que aporta, sonreír es una de mis prácticas más utilizadas, y no sé si la necesidad ha creado el hábito o más bien ha sido al contrario. Creo que la vida misma se encarga de demostrarnos que uno mismo es su mejor medicina, y una vez que aprendes esta lección, reconoces también que no existe un modo más sencillo de atraer felicidad que sonriendo. Haciéndolo puedes convertir el más triste de los días en una preciosa oportunidad. Y de practicarlo a menudo, lo más seguro es que la propia vida te devolverá sonrisas en forma de experiencias, circunstancias o personas que sonríen también a la vida.

Eran muchas las emociones —miedo, ira, frustración e incluso tristeza— que reflejaban mis gestos mientras convivía con la ansiedad, hasta que poco a poco, trabajando en mí y atrayendo cosas buenas a mi vida, la actitud y la alegría irían ganando peso a la dificultad, dibujando y manteniendo la sonrisa en mi rostro, haciéndome más seguro y confiado, y seguramente, aunque no me diera cuenta, cambiando mi propia expresión, pasando de una que reflejaba impotencia y miedo a otra que demostraba todo lo contrario. No me daría cuenta entonces, pero mejorando mis hábitos cambiaba la emoción y con ello también cambiaba el gesto.

ACCIÓN

Hemos visto que cuando alteramos el lenguaje corporal, incluso podemos llegar a generar más hormonas del placer o sus contrarias. Teniendo esto en cuenta, ¿por qué no fingir o atraer más posturas positivas, aunque en realidad no nos sintamos bien?

Es cierto que eso puede hacer sentirnos raros, pero lo importante en la vida es mejorar en alegría y tranquilidad, y una de las claves puede ser alegrarnos o fingir alegría, si es necesario.

Acción: La postura positiva

A partir de hoy, sonríe más a la vida. Para ello:

- **Siempre que puedas párate a tomar consciencia de tus gestos:** Reconoce los gestos negativos e intenta adoptar posturas más positivas y alegres.
- **Mantén tu postura erguida, abre más el pecho:** Si lo haces, notarás que, de inmediato, tu respiración y la expresión de tu cara se relajarán y te sentirás más seguro y positivo.
- **Al despertar, mírate al espejo y sonríe:** Aunque no te apetezca, acércate a él, mírate y sonríe durante unos minutos. Este simple ejercicio te ayudará a controlar tus emociones, a afrontar mejor el día y a pensar de una forma más positiva en tu situación.

REACCIÓN

El trastorno de ansiedad es una de las realidades en que mejor podemos ver reflejada la relación entre cuerpo y mente. Cuando se dan los síntomas psicológicos de alerta y preocupación, el cuerpo somatiza esos pensamientos y emociones llegando a sentirlos en toda nuestra geografía corporal. El inicio puede estar tanto en el cuerpo como en la mente, y todo aquel que ha pasado por esto puede reconocer que, cuando ocurre, es muy complicado no dejarse llevar por el miedo, pudiendo llegar a padecer una de las temibles crisis de pánico. Pero es justo en esos momentos cuando hay que luchar por hacer lo contrario y utilizar alguna técnica de las que he hablado, para responder adecuadamente a ese temor irracional que puebla nuestra mente.

Y del mismo modo que la respiración y la relajación pueden devolvernos a la calma, también un cambio en nuestra expresión facial o corporal puede conseguirlo.

Si estamos ansiosos, incluso cuando las emociones o los pensamientos aún no se han presentado, quizá adoptemos alguna de sus reacciones y sea entonces cuando despierten los miedos y la preocupación, la sensación de alerta y los demás síntomas de la ansiedad. Es por ello que casi tan importante como realizar cambios en nuestras expresiones es reconocer los gestos que la ansiedad provoca en nosotros, estos son algunos de los más comunes:

- Sensación de miedo, preocupación o tristeza, con la expresión facial propia de esta emoción.
- Nos mordemos los labios o las uñas, fruto del nerviosismo o la preocupación.
- Tendemos a tocar nuestras orejas o el cuello, debido a la tensión muscular.
- Apretamos más las manos, cruzamos los brazos y nuestros hombros caen, en señal de incomodidad, desconfianza o tristeza.

Reacción: La postura positiva

- **Reacciona a los gestos del estrés:** Reconoce los gestos que puedan reflejar tristeza o ansiedad. Cuando los notes, intenta adoptar una postura de calma y felicidad. Será complicado pero trabaja en ello tanto cuanto te sea posible hasta convertirlo en una acción automática; si lo consigues, responderás mejor y más rápido a situaciones en las que antes perdías el control. Puede ayudarte practicar la respiración lenta o decirte a ti mismo: 1, 2, 3..., sonrío.
- **Sonríe más a menudo:** Intenta hacerlo, sientas la necesidad o no. Por ello, si puedes, ayúdate con libros de humor o historias motivadoras, haciendo más ejercicio y estando a gusto contigo y con la vida. Hazlo mientras lees este libro. Si te animas a hacerlo, ten por seguro que al terminarlo puede que tu ansiedad y tus problemas decidan dejarte de lado.

- **Agradece cada nuevo día:** Cada mañana, antes incluso de abrir los ojos, párate unos segundos y agradécele a la vida todas las buenas cosas que tienes. Aunque pueda costarte apreciarlo, son muchas las cosas buenas con las que cuentas, para empezar puedes ver y usar tus sentidos, seguramente disfrutas de libertad y estás vivo. Por todo ello, sonríele a la vida y ten por seguro que también la vida te devolverá sonrisas...

Mente

Nuestro cerebro es el mejor juguete que
se ha creado. En él están todos los secre-
tos, incluso el de la felicidad.

CHARLIE CHAPLIN

Como seguramente has apreciado, los síntomas físicos
y mentales tienen una relación directa entre ellos, pudiendo en ocasiones ser el síntoma físico el que provoca el malestar emocional, pero también sucede al revés. Tu felicidad y la mía se rigen por la química y el mantenimiento de
este equilibrio, una química que cuando no proviene
de sustancias que introducimos en nuestro cuerpo, o de
posturas o malos hábitos, nace en el modo en que nuestra
mente gestiona los pensamientos y genera las emociones.
Puede costarte apreciar esta conexión mente-cuerpo si
nunca te has planteado esta cuestión, pero, si lo haces, es-

toy seguro de que podrás aceptar con facilidad que existe una relación entre estos elementos.

En los anteriores capítulos veíamos que el modo en que nos alimentamos, las sustancias que introducimos en nuestro cuerpo o nuestra manera de respirar, son elementos con un efecto directo en nuestro bienestar. Habrás apreciado que tratando bien al cuerpo, la mente también se sentirá bien. Pues lo mismo sucede al contrario. Podría decirse que los pensamientos nacen en la mente y provocan las emociones, unas sensaciones con un componente también biológico, que discurre por nuestro torrente sanguíneo invitándonos a reaccionar. De este modo, si alguien está estresado, rabioso o abatido, el cuerpo genera un tipo de hormonas para indicarnos esta situación, lo cual puede generar tensión, presión arterial, úlceras u otras señales que es necesario atender para no degenerar en problemas mayores.

Gozar de buena salud emocional supone ser consciente de aquello que sentimos para responder de una manera eficiente y adecuada a las situaciones. Hay muchas formas de conseguirlo, y en este capítulo trataré las más adecuadas para mantener esta armonía.

Si un poco más arriba veíamos cómo conseguir y disfrutar de un equilibrio orgánico que nos aleje del estrés y otros problemas, en las próximas páginas intentaré que aprecies el modo en que habilidades como la meditación, una sana gestión emocional o técnicas de distracción pueden ayudarte a cambiar las reacciones emocionales negativas por otras más eficientes. Esto evitará también que nos dejemos llevar por sensaciones tan potentes y potencialmente dañinas como la ira, la tristeza o el miedo.

EVITA LAS EMOCIONES TÓXICAS

> Ni tu peor enemigo puede hacerte tanto daño como tus propios pensamientos.
>
> BUDA

En esta sección podrás conocer la relación directa que existe entre el cuidado de tu mente y tu felicidad, pero antes de aprender a usar la mente en tu beneficio es importante saber eliminar todo aquello que no sirve y complica tu presente.

La vida me ha enseñado que alimentarse sin control de pensamientos negativos o de emociones fuertes es lo más parecido a maltratar tu organismo con peligrosas drogas.

Es habitual ejercitar el cuerpo sin descanso a diario, pero todo lo contrario sucede con el cuidado del alimento de nuestra mente y el modo en que hacemos uso de ella, cuando seguramente sea este el elemento más importante para ser más felices.

Con ese objetivo, el de recuperar nuestra mejor condición, antes de tratar de atraer cosas buenas, deberíamos reconocer, desechar y alejar todo aquello que nos aporta lo contrario.

Los trastornos emocionales se generan por una reacción desmesurada ante una o varias emociones. Así, detrás del trauma y la pérdida pueden ocultarse el miedo y la tristeza, emociones que de mantenerlas en el tiempo pueden derivar en un problema complicado de solucionar.

En este tipo de problemas es la emoción la que controla nuestra vida en un modo que nos condiciona y limita, una situación que va llenando nuestro presente de pensamientos y emociones alarmantes o deprimentes que pueden desbordarnos por completo.

Por fortuna, es posible transformar el dolor en una interesante lección para la vida. Una realidad que me hace recordar que jamás debemos creernos más fuertes que las emociones, ya que, de hacerlo —consciente o inconscientemente—, lo más probable es que suframos por ello.

Cada persona es un mundo, y aunque seguramente no todos toleremos por igual algunos pensamientos o experiencias, todos tenemos un límite, una barrera que de sobrepasarla puede derivar en dificultades para nuestra vida.

Aprendemos del error, aunque más concretamente creo que lo hacemos del dolor, por eso tropezamos una y otra vez con la misma piedra, y no comenzamos a cambiar e intentar evitar estos obstáculos en el camino hasta que nos hacemos daño de verdad.

Como hemos visto, las drogas alteran la química del cerebro atrayendo o alejando las hormonas de la felicidad y sus contrarias, y lo mismo sucede con los pensamientos y emociones, el alimento de nuestra mente.

En el mundo existe espacio para un sinfín de sensaciones, algunas que nos aportan más vitalidad y energía y otras que, si las mantenemos de un modo desproporcionado, consiguen lo contrario. Por ello, debemos cuidar ese equilibrio en el que seamos nosotros y no las emociones quienes tengamos el control en todo momento.

Si nos alimentamos en exceso de cierto tipo de sensaciones es posible que cambie nuestra propia percepción, ya que nuestro organismo también está cambiando. Las emociones producen cambios químicos, lo que puede provocar que estas nos dominen, llevándonos a reaccionar, sentir y pensar de una manera distorsionada, debido a esa necesidad de acción y movimiento que toda emoción trae consigo. Si mantenemos la tristeza durante mucho tiempo, la somatizaremos, adoptando una postura abatida e incluso cambiando nuestra manera de pensar y evitando situaciones que podrían ser placenteras. Lo mismo puede ocurrir con el miedo, la culpa, la rabia o la ira.

Para evitar atraer a nuestra realidad potentes cargas emocionales que puedan desequilibrarnos, es muy importante darnos cuenta también de que existen malos hábitos como la crítica negativa, el autosabotaje, la falta de confianza o el temor excesivo, que tendremos que intentar cambiar si se presentan en exceso.

LO QUE DICE LA CIENCIA

Según distintos estudios, tenemos unos 60.000 pensamientos al día, de los cuales más de la mitad no están relacionados con lo que estamos haciendo. Por el contrario, son una distracción mental que nos mantiene en un modo de pensar temeroso y negativo, una realidad que podemos cambiar si probamos a pensar y sentir en un modo más positivo y consciente, una actitud importante en la que está en juego nuestra felicidad.

Seguramente, uno de los mejores ejemplos para comprender el efecto de las emociones y los pensamientos en el ser humano sea el sorprendente experimento del agua realizado por el doctor japonés Masaru Emoto. Este científico, tras examinar inicialmente las distintas estructuras moleculares entre un agua pura y otra contaminada, decidió realizar distintos estudios. En uno llenó dos botellas con la misma agua, y expuso una a música armoniosa y la otra a un estilo más discordante, como la música heavy. Luego comprobó que, mientras que en la primera botella las moléculas creaban preciosos hexágonos, en la otra el agua quedaba totalmente desestructurada.

Ese descubrimiento le ayudó a realizar su más importante demostración cuando decidió exponer el agua a pensamientos, emociones y palabras. Anotó términos como «amor», «paz» o «gracias» en tarjetas, animó a la gente a acercarse y a pensar y sentir lo que reflejaban en textos, y descubrió que se formaban a partir de ello preciosas estructuras geométricas hexagonales. Por el contrario, ante palabras como «odio» o «asco» y expresiones como «te voy a matar», las formas geométricas eran oscuras, sin orden ni estructura. Todo esto llevó al doctor a concluir que los pensamientos y emociones tenían un efecto directo en los cambios que se producían en la estructura del agua, obteniendo con ello una interesante y preciosa reflexión: si los pensamientos pueden hacerle esto al agua y nosotros somos agua en más de un 80 por ciento, ¿qué pueden hacernos los pensamientos a nosotros?

Aparte de este interesante experimento, la ciencia también ha demostrado que un hecho imaginado puede activar las mismas regiones cerebrales que una experiencia vivida, lo que genera una emoción, una reacción y una respuesta. Esto sirve para comprender que si nos alimentamos de temor, si lo apreciamos o percibimos con nuestros sentidos, ya sea real o imaginado, nos provocará una reacción orgánica real, pudiendo llegar a aumentar nuestros niveles de estrés y potenciar nuestra amígdala, hasta el punto de degenerar en un trastorno de ansiedad en caso de mantenerlo en el tiempo, del mismo modo que si nos alimentamos de dolor, tristeza o culpa, aunque sean imaginarios, podría derivar en una complicada depresión.

Teniendo en cuenta todo lo anterior, deberíamos reconocer que no es sano alimentarnos de noticias, películas, música o libros tristes en exceso, como tampoco de negatividad o miedo, una realidad de la que debemos ser conscientes y aprender a cuidarnos.

LO QUE DICE LA EXPERIENCIA

Ansiedad, tristeza, depresión, angustia, rabia o culpa. Somos muchos los que hemos pasado por estos y otros estados emocionales, y fácilmente podamos distinguir no solo cuál era la emoción que más predominaba mientras convivíamos con ello, sino también qué elementos estaban detrás.

Seguramente también tú en alguna ocasión has mantenido en tu vida sensaciones, ideas o percepciones que te arrastraron a complicados períodos que más tarde te tocó sufrir.

La vida me ha enseñado que buena parte de estos desequilibrios parten de una mala gestión en nuestro modo de
apreciar la realidad y de vivirla, y he comprendido que
de llenarnos de estrés, miedo o tristeza, el vaso de la existencia terminará desbordándose y dará lugar a esos complicados períodos de crisis.

Ante ciertos conflictos, tal vez fue la música triste o la
constante preocupación la causa que estaba detrás de
mantener y aumentar este tipo de emociones en mi vida,
una situación que tal vez podrías observar tú también si
recuerdas algún momento complicado vivido, como una
ruptura o un período demasiado estresante. ¿Recuerdas
que tal vez te alimentabas de más tristeza o miedo en esos
períodos? ¿Has notado cómo atrayendo tristeza o temor,
la pena o las preocupaciones también aumentan en tu
vida?

ACCIÓN

Cuando estamos sanos, tendemos a creer que el dolor
o los problemas son cosas ajenas a nosotros, por eso en
ocasiones dejamos de cuidarnos como debemos. No
apreciamos realmente lo que es estar bien hasta que llega
una enfermedad o una lesión, es solo entonces cuando
recordamos aquel estado óptimo en que nos encontrába-
mos, y lo mismo sucede con el malestar emocional.

Seguramente todo aquel que haya sufrido este tipo de
dolor puede apreciar que es más complicado y difícil de llevar que el físico, y como sucede en este último, ocurrirán

cosas en la vida que nos provocarán mayor daño, circunstancias como la muerte de un ser querido o un accidente, pero también otras que podríamos haber evitado si hubiéramos sido conscientes del peligro que comportaban. Por todo ello, del mismo modo que debemos cuidarnos físicamente, abrigarnos o dejar de realizar actividades peligrosas que puedan atraer enfermedades o lesiones, también tenemos que proteger nuestra mente, tanto en el modo en que pensamos como en el que sentimos, y evitar atraer complicadas sensaciones que pueden llegar a desbordarnos.

Las emociones son el principal motor del ser humano, un mecanismo fruto de millones de años de evolución con un efecto directo y potentísimo en nuestro organismo. Antes de ellas están los pensamientos, y si entendemos que nos estamos dejando llevar por los efectos negativos de alguno de estos elementos, es el mejor momento para parar, estudiar el modo en que usamos la mente y cambiarlo. Para ello:

Acción: Protege tu mente

- **Reconoce los pensamientos y emociones que te afectan negativamente:** Identifica si hay algún factor que sobresale por encima del resto. Quizá estés viendo demasiadas películas de terror y te notes más ansioso, o que hayas sufrido una ruptura o un problema sentimental e inconscientemente no hagas más que escuchar canciones tristes. Reconoce tu situación, apunta los factores que la provocan, y proponte durante la próxima semana ser más consciente de ello.

- **Cambia el tipo de pensamiento:** Si eres tú quien atrae conscientemente este tipo de emociones y pensamientos, reconócelo y deja de hacerlo. Comienza por realizar acciones que te hagan sentir lo opuesto. Puedes hacer deporte, leer libros motivadores en vez de tristes, escuchar música animada o disfrutar de películas de humor. Descubre todo aquello que atraiga positivismo y energía y aleje el exceso de miedo, tristeza o rabia.

- **Evita las noticias y el exceso de información negativa:** Las malas noticias llenan las primeras páginas de los periódicos y abren los telediarios porque, a mayor desgracia, mayor audiencia. Desgraciadamente, así funcionamos los humanos, pero puede tener un efecto devastador en nuestro día a día, llenándonos de miedos y negatividad. Un consejo que puede ayudarte a sonreír de un modo más sencillo a la vida: evita las noticias, o al menos intenta evitar las noticias negativas.

REACCIÓN

Si padeces ansiedad, existen algunas emociones que te mantendrán en ese estado y empeorarán tus síntomas y la duración de tu trastorno.

Emociones como el miedo, la rabia o la frustración mantienen y aumentan el estrés en nosotros, generando más pensamientos negativos y catastróficos e hiperactivando elementos como la amígdala, haciéndonos muy difícil salir de nuestra particular «zona ansiosa». Cuanto más frecuentes sean este tipo de emociones, más elevado será tu estado de alerta y más lejos estará tu regreso a la calma.

Si atraviesas un período triste o padeces depresión, es el mejor momento para intentar evitar situaciones o elementos que puedan provocarte más tristeza, culpa o frustración.

Cambiar los pensamientos no es tarea fácil, pero si los reconoces y comienzas a trabajar en ellos, podrás aceptar que tu felicidad depende casi exclusivamente del modo en que gestionas tu mente, observarás que muchas veces te sientes mal porque, tal vez sin darte cuenta, así lo has decidido en el interior de tu cabeza. Es el mejor momento de cambiar miedo por amor, o tristeza por alegría; atraer más bienestar y alejar lo contrario será nuestra mejor dieta contra los problemas.

Reacción: Protege tu mente

- **Reconoce los pensamientos y emociones que tienen que ver con tu estado actual:** Apunta los pensamientos, acciones y situaciones que pueden estar detrás, en buena medida, de tu problema; sensaciones como el miedo, la impaciencia, la rabia o la frustración pueden ser los principales motivos de tu infelicidad.

- **Remedios contra la negatividad:** En ocasiones, es complicado frenar esa manera negativa de pensar, por ello siempre que lo necesites, practica la respiración lenta o diafragmática, hasta observar que tu mente se aclara y recuperas el control.

- **Encuentra un pensamiento o una emoción contraria a tus sensaciones negativas:** Elige actividades para contrarrestar la sensación negativa. Si la acción positiva es ser más positivo, puedes cambiar las situaciones de tristeza señaladas en el primer punto (por ejemplo: escuchar canciones tristes), por acciones opuestas (escuchar canciones alegres), y si es el miedo el que llena tu presente, es hora de disfrutar del humor y reír a carcajadas.

- **Elabora una lista de cosas positivas sobre ti y tu entorno:** Si lees esta lista y la rellenas a diario, verás cómo tus pensamientos negativos empiezan a desaparecer.

ENTRENA TU MENTE: MEDITACIÓN Y MINDFULNESS

> La mente es como un paracaídas: solo funciona si se abre.
>
> ALBERT EINSTEIN

La mente puede ser nuestra principal aliada o nuestra peor enemiga, todo depende del modo en que aprendamos a usarla. En este capítulo comprobarás lo que podemos conseguir mediante la práctica de la meditación y el mindfulness, ejercitando la mente para convertirla en nuestra mejor amiga, sea cual sea la realidad en que nos haya tocado vivir.

Como hemos visto, toda emoción implica acción, nos induce a cambiar. Las emociones nos llevan a reaccionar de un modo automático, sin mucho control de la razón.

Si nos dejamos arrastrar por el amor, la ansiedad o la desesperación realizaremos actos de los que más tarde quizá nos arrepentiremos. Por ello, no hay nada más importante para mantener el equilibrio emocional que ser conscientes de la situación y actuar dando a las emociones su justo valor, sin someternos a sus impulsos. Y si existe un ejercicio que pueda ayudar al ser humano a ser más consciente y atento para conseguirlo, este sería la meditación.

Por experiencia sé que puede costar acercarse a este tipo de prácticas, ya que, aunque se han extendido muchísimo, todavía existen mitos que desaniman a disfrutar de sus beneficios.

En el frenético mundo en que vivimos, son muchas las personas que pueden asociar la meditación con no hacer nada o eludir las responsabilidades, cuando en realidad es todo lo contrario. Meditando no solo podemos observar cómo pensamos, cuáles son nuestras intenciones y qué creencias nos pueden estar limitando, también podemos parar ese constante parloteo de la mente, observando con mayor claridad nuestro presente.

Ya hemos comprobado algunos de los beneficios que puede traer a tu vida la relajación o una respiración adecuada, y que contar hasta tres antes de reaccionar nos asegurará probablemente una mejor respuesta. Meditar sería una manera de ejercitar este tipo de reacción consciente, una práctica en la que la relajación y la respiración son dos de sus ingredientes más importantes.

Existen muchas técnicas para hacerlo, todas ellas orientadas a gestionar mejor nuestra mente, reconociendo nuestros pensamientos y emociones cuando los procesamos y familiarizándonos con ellos. El mindfulness es uno de sus ejemplos más extendidos en la actualidad, y seguramente el más indicado para tratar problemas emocionales como la depresión y la ansiedad.

El mindfulness basa su práctica en tomar conciencia plena de nuestras emociones con el fin de aceptarlas y eliminar así la frustración, el dolor o la ansiedad que pueden producirnos. Sus orígenes se encuentran en la meditación budista, que busca entrenar a la mente para permanecer en el presente sin cambiar nada, con una actitud de aceptación de la realidad. Lo contrario sería funcionar con el piloto automático sin ser conscientes de lo que vivimos, es decir, vivir desconectados en otro lugar y tiempo distinto al aquí y ahora.

Sabemos que los trastornos depresivos nos mantienen en el pasado, mientras que los de tipo ansioso nos sitúan en el futuro, de modo que nos llevan a transitar desde un tiempo a otro sin que podamos detenernos en el único espacio que realmente debe ser vivido. Para conseguir esto, la meditación ayuda a que focalicemos nuestra atención en una actividad determinada, como respirar u observar un punto fijo, haciéndonos volver una y otra vez al presente, y aumentando así los pensamientos agradables y disminuyendo los que provocan dolor emocional.

LO QUE DICE LA CIENCIA

Por mucho que pueda costarle al ser humano occidental acercarse a este tipo de técnicas, no solo la teoría sino sobre todo los hechos demuestran que llevarlas a cabo es probablemente una de las acciones que más beneficios puede aportar a nuestra salud física y mental. Su práctica regular nos proporcionará más años de vida y felicidad, como lo certifican numerosos estudios.

En 2004, un estudio científico reconocía a Mathieu Richard, monje budista y doctor en genética celular, como «la persona más feliz del planeta», gracias a que 256 sensores colocados en su cabeza mientras meditaba consiguieron registrar niveles de emociones positivas jamás encontrados en otro ser humano. Esto demuestra que la meditación, con todos los valores y virtudes que tiene, como la paciencia, la compasión o la atención, realmente nos hace más felices.

Tal vez pienses que ya es tarde para cambiar y este tipo de dudas te impide dar ese primer paso para iniciarte en la práctica de la meditación. Seguramente eso mismo le ocurría a la doctora Sara Lazar, una neurocientífica de la Escuela de Medicina de Harvard, a la que sus muchas reservas hacia este tipo de prácticas le ayudaron a realizar uno de los experimentos que mejor detallan los múltiples beneficios de la meditación. En su estudio demostró que el cerebro humano puede cambiar sea cual sea la edad, y que la mejor acción para conseguirlo parece estar en este tipo de prácticas.

En su primera investigación la doctora Lazar examinó la materia gris de dos grupos, uno formado por personas que habían meditado buena parte de su vida y otro por individuos que no practicaban la meditación ni ningún ejercicio parecido. En sus conclusiones determinó que los primeros tenían más desarrollada la percepción sensorial y las regiones del córtex asociadas con la memoria y la toma de decisiones.

Sobre la percepción sensorial la doctora Lazar entendió que era del todo lógico, ya que cuando estás más consciente pones atención a tu respiración, a los sonidos o a la situación presente, apagando la cognición o el proceso mental, con lo que el uso de los sentidos mejora. Pero en el caso del córtex prefrontal descubrió algo realmente excepcional e inesperado: la masa cerebral en esa zona, en personas de 50 años que meditaban, era similar a la de una persona sana de 25 años.

Para certificar esta última apreciación, creó otro experimento en el que un grupo de control con sujetos que no meditaban fue comparado con otro de las mismas características pero que durante ocho semanas, durante 40 minutos al día, participaron en un programa llamado Reducción del Estrés Basada en la Atención Plena (MBSR, por sus siglas en inglés).

Para su sorpresa, los estudios revelaron que incluso en un tiempo tan breve, el cerebro de las personas del segundo grupo experimentó cambios significativos:

- La corteza cingulada posterior —un área asociada con las rutinas de comportamiento— se incrementó, llevando a los sujetos a explorar nuevas opciones.
- La actividad de la amígdala se redujo, y con ello se produjo una disminución de emociones como la angustia, el miedo y la tensión.
- La actividad del hipocampo aumentó, incrementando así las capacidades de aprendizaje, cognición y memoria, y la regulación de las emociones.

La curiosidad de la doctora Lazar ayudó a que la ciencia pudiera certificar no solo los beneficios de la meditación en la salud del ser humano, sino el hecho de que esta práctica mejora la predisposición y los cambios tanto en la mente como en el cuerpo.

LO QUE DICE LA EXPERIENCIA

Hace varios años me tocó sufrir un mal bastante común en la vida de las personas, una situación desconocida para mí en aquel momento: el desamor.

Mi presente, o mejor dicho aquello que creía estar viviendo, cambió de la noche a la mañana, y fui consciente de que para volver a sentirme vivo tendría que trabajar duro.

Me sentía deprimido, vivía en un pasado que consideraba el mejor de los tiempos y la mejor de mis realidades, y fueron ese bloqueo y esa apatía tan potentes los motivos principales que me hicieron considerar que tal vez el fallo no estaba en el tiempo, en la persona o en el lugar, sino en el modo en que yo percibía lo que me había sucedido. Conocía a personas con realidades mucho más tristes y dramáticas que la mía, y me daba cuenta de que, aunque resultara extraño, ellos no lloraban por dentro como lo hacía yo.

Así acepté que no es el estímulo o la situación lo que hace que nos sintamos abatidos y deprimidos, sino el modo en que lo evaluamos. Esa percepción entre el estímulo y nuestra conducta era lo que yo debía cambiar.

La meditación me demostró que podía mejorar el modo en que evaluaba mi vida. Focalizándome en mi respiración podía comprobar cómo llegaban y se sucedían mis pensamientos e ir más allá, observar cómo los procesaba e incluso el poco control que tenía sobre alguno de ellos. Así me daba cuenta de que no solo me dañaban y me provocaban dolor, sino que podía aprender a mejorarlos.

Con ansiedad o depresión, la mente hace que nos centremos en el miedo o la tristeza, lo que da lugar a pensamientos conocidos como «intrusivos», que llegan sin buscarlos, y a la posterior rumiación y distorsión de los mismos; un círculo vicioso que no hace más que aumentar el dolor.

Meditando podía observar esos errores mentales para pasar a enfocarme en el presente, en mi respiración o en cualquier objeto, dándome cuenta de que yo no era ese continuo flujo de ideas sin orden ni sentido que me mantenían engañado. Siendo más consciente podía dejar a un lado la inconsciencia derivada de la angustia o la tristeza y centrarme en la realidad que quería para mí.

Inicialmente pensaba que la meditación era una especie de práctica sectaria o religiosa sin sentido, pero como la necesidad de desbloquearme y volver a la vida era más importante que cualquier otra cosa, decidí acercarme a la entrada de un centro donde se practicaba para evaluarla por mí mismo.

La práctica de la meditación con personas de todo tipo, con aficiones, estatus y religiones diversas, me demostró que meditar no era tener la mente en blanco ni tampoco eludir los problemas cotidianos, sino todo lo contrario. Era despertar a la vida, ser realmente consciente de ella. Tal vez por eso, muchas de las personas que han contribuido a cambiar el curso de la historia, como Gandhi o Einstein, meditaban, demostrando que hacerlo nada tiene que ver con esos mitos falsos y negativos que rodean esta técnica.

ACCIÓN

Quienes se han iniciado en la meditación y la han convertido en hábito seguramente reconocen que la capacidad de atención, concentración, consciencia del presente y otras aptitudes se hacen mucho mayores. Y no es necesario escalar el Himalaya o encerrarse en un monasterio budista para conseguirlo, ya que basta una práctica de 15 minutos diarios para disfrutar de sus beneficios.

Acción: Meditación y mindfulness

- **Practica la meditación o el mindfulness:** Existen multitud de documentos, audios y vídeos para hacerlo, pero tal vez el modo más sencillo y agradable sea utilizar una de las muchas aplicaciones para móviles. Tu salud es lo más importante, por eso no te pongas excusas y empieza a probar hoy mismo. Es importante que reserves un espacio y un horario, tal vez a primera hora de la mañana o antes de acostarte. Si prefieres trabajar a la vez la mente y el cuerpo, puedes probar con el yoga. Si este es tu caso, te aconsejo apuntarte a clases, ya que si no eres demasiado disciplinado es fácil que, al realizarlo por tu cuenta, caiga en el olvido.

- **Tu pausa de tres minutos al día:** Reserva tres minutos al día para practicar activamente tu relajación. Puedes ponerte una alarma, aprovechar reuniones o tiempos muertos para hacerlo. Cuando practiques, toma conciencia de tus pensamientos, emociones y sensaciones. Observa tu respiración y, poco a poco, amplia la atención a todo tu cuerpo

- **Alimenta tus sentidos:** Aprovecha la comida para estar más atento. Para ello, cuando desayunes, comas o cenes intenta disfrutar con todos tus sentidos. Evita tener cerca la televisión o el móvil y céntrate en este ejercicio. Reconoce la textura y la forma de los alimentos, su gusto y aroma, sus colores.

Si sufres un trastorno, es fácil que seas consciente de que tu reacción al dolor es algo totalmente necesario.

Está demostrado que una de las mejores y más eficaces prácticas para recuperar el bienestar son las terapias basadas en MBSR, las terapias de mindfulness para la reducción del estrés.

El MBSR es un programa de 8 semanas creado, en 1979, por el doctor Jon Kabat Zinn de la Universidad de Massachusetts para aliviar el malestar físico y emocional de personas que no mejoraban con la medicina tradicional. Constantes estudios y prácticas científicas han ido evolucionando este método y han demostrado que el mero hecho de realizar los ejercicios produce importantes cambios y mejoras, especialmente en lo referente a las patologías o el dolor emocional.

Respecto a la ansiedad, sé lo que es vivir con ella, sé la frustración y el dolor emocional que puedes estar sintiendo si la padeces, pero debes tomar conciencia de que, si no haces nada, nada va a cambiar. Por ello te animo a que no pongas más excusas.

Ya sabes que la hiperactividad de la amígdala está detrás de este tipo de trastornos, y que está demostrado que la meditación reduce la actividad y el tamaño de la misma, rebajando con ello la ansiedad de un modo rápido y efectivo. Por todo ello, una acción que mejorará tu realidad automáticamente será realizar este tipo de ejercicios a diario. Puedes convertirlo en uno de tus retos personales y te aseguro que en pocos días estarás mucho mejor. Así que ¿por qué no empiezas ya?

Reacción: Meditación y mindfulness

- **Realiza un curso de MBSR:** Puedes buscar cursos online (los hay gratuitos) o presenciales. Este tipo de programas están dirigidos a reducir el estrés, la depresión y la ansiedad; ayudarán a que te sientas mucho mejor que ahora. Si lo haces por tu cuenta, encuentra un lugar cómodo y relajado, y sé disciplinado.

- **Medita 15 minutos al día:** Si tus creencias, espacios o necesidades te hacen complicado lanzarte de lleno a realizar un curso de reducción del estrés, puedes empezar por practicar ejercicios de mindfulness, ayudándote de aplicaciones o vídeos.

- **Desayuno mindfulness:** Para recuperar consciencia y dejar de llevarnos por nuestros miedos o angustias, no hay nada mejor que desactivar ese piloto automático con que despertamos a diario. El mejor momento puede ser practicarlo cuando desayunamos. Cuando lo hagas, disfruta con todos tus sentidos del sabor, la textura y los colores de los alimentos. Te recomiendo alejarte del móvil y la televisión cuando practiques, para empezar el día con más consciencia y alegría.

TÉCNICAS DE DISTRACCIÓN, ENFÓCATE EN OPORTUNIDADES Y NO EN PROBLEMAS

> Todo problema observado con la actitud justa puede esconder en el fondo una preciosa oportunidad para mejorar tu vida.
>
> GIO ZARARRI

La vida está donde centramos la atención de nuestros sentidos. Así ocurre cuando, ante un trastorno, prestamos atención a todo lo que tiene que ver con nuestros miedos y obsesiones. Por fortuna, del mismo modo que podemos enfocarnos en lo negativo, también podemos darnos cuenta y cambiar el foco hacia lo contrario, una práctica que puede convertirse en un antes y un después en nuestro bienestar.

La vida nos demuestra que nada puede afectarnos ni para bien ni para mal, si no decidimos poner el foco en ello. Es nuestra atención la que hace que las cosas, las situaciones o las personas se conviertan en importantes, y no las cosas en sí.

Ante las dificultades ocurre lo mismo, no es el suceso el que nos provoca malestar sino el modo en que lo observamos. Es por ello que, si queremos superar un problema, no existe mejor modo de conseguirlo que cambiar nuestro enfoque.

Seguramente, puedes reconocer que cuando pones el foco en el problema este se hace más grande, y solo cuando orientas la atención hacia la búsqueda de su solución, las cosas empiezan a cambiar. Esto se debe a que la mente tiende a pasar por alto y descartar todo aquello a lo que no presta atención.

Como ya sabes, la mayoría de los trastornos emocionales nos trasladan a situaciones con un impacto emocional tan potente que es muy complicado no hacerle caso. Por eso, si queremos salir de ahí, tendremos que esforzarnos en reconocer esas situaciones para después quitarles nuestro foco de atención.

Si aprendemos a usar este enfoque positivo y reconocer el negativo, si aceptamos nuestra particular atención selectiva, muchas veces errónea, y trabajamos en disfrutar del presente realizando actividades que nos llenen de ilusión, nos será mucho más fácil combatir el dolor y la dificultad, una realidad de la que también, lo queramos o no, está hecha la vida. Para intentar ponerte en situación te propongo un pequeño experimento que tal vez ya conozcas.

Coloca el dedo índice entre tus ojos y las páginas de este libro, más o menos a media distancia. Ahora enfoca tu mirada en el dedo y obsérvalo, descubriendo su color y textura, y date cuenta de cómo las páginas se difuminan como por arte de magia.

Segundos después, siempre con el dedo situado entre tu cara y el libro, vuelve a esta lectura y pon tu foco en las letras. Notarás ahora que en esta ocasión es el dedo el que ha perdido su enfoque.

De un modo fácil has podido apreciar que, si te enfocas en un elemento, el resto pierde fuerza y visibilidad, por lo que si tu objetivo está en una cosa es imposible que se mantenga en otra. Así es la vida, y así podemos también tratar con las dificultades si lo necesitamos.

Muchas veces yo mismo he sentido cómo mi mente, ante alguna dificultad, se quedaba atrapada, sin parar de dar vueltas y más vueltas a preocupaciones, de un modo enfermizo. Inconscientemente, con esta manera de actuar yo estaba alimentando mi propio malestar, algo muy común cuando sentimos miedo o nos invade la pena. Reconocer este parloteo mental es el primer paso para poder controlarlo, después de lo cual será la distracción la que consiga cambiar lo negativo por lo positivo.

LO QUE DICE LA CIENCIA

A estas alturas, ya conocemos los muchos beneficios que tiene pensar y actuar de una manera positiva, por ello te será fácil comprender que imaginando cosas buenas las sentiremos también en nuestro cuerpo y podremos actuar mucho mejor.

Para ayudarte a comprender la sorprendente importancia de poner atención, me gustaría animarte a realizar un ejercicio que puedes encontrar en internet, el llamado «experimento de atención selectiva», también conocido como «experimento del gorila» o «el pase invisible». Si ya lo has puesto en práctica, te animo a que hagas la prueba con uno de tus seres queridos que no lo conozca y pongas atención en el resultado.

Seguramente, te sorprenderá descubrir que si nos enfocamos intensamente en algo, podremos descartar elementos que jamás hubiéramos pasado por alto.

La atención selectiva es uno de esos sesgos cognitivos, un atajo mental que en caso de estar enfocado en la situación negativa actúa deformando nuestro modo de razonar, dando excesivo valor a un suceso o estímulo, y haciéndonos perder el interés o la atención por la situación en su totalidad. Por desgracia, así funciona la vida y, en incontables ocasiones, amargados o preocupados, dejamos de observar la enorme cantidad de oportunidades y maravillas que nos ofrece cada nuevo día.

Como ya sabes, la mayoría de las habilidades que estamos tratando están relacionadas, por lo que si quieres tener un control activo sobre tu manera de pensar y poder «cambiar de canal» cuando lo necesites, será complicado hacerlo si estás nervioso, si no has descansado bien o si llenas tu mente con miedos o emociones fuertes. Por todo ello, no dejes para mañana lo que puedas hacer ya, y reconoce también esos otros factores que te estorban.

LO QUE DICE LA EXPERIENCIA

Nuevamente, recurro a la ansiedad para ayudarte a comprender que el estado de alarma distorsiona nuestro razonamiento, haciendo que se enfoque en todo lo que mantiene activa esa alerta, una situación bastante complicada de manejar, y más si los picos de estrés nos alejan del control acercándonos a situaciones de pánico.

Superar este trastorno requiere aprender a convivir con él, y aunque no siempre debamos recurrir a la distracción —pues tendremos también que tolerarla y relacionarnos de un modo más positivo con ella—, existen momentos en que cambiar el foco de atención puede devolverle el control a nuestra «buena razón» y ayudarnos a distanciarnos del problema.

La mayor dificultad de las personas que sufren un problema emocional no está tanto en los síntomas físicos como en los pensamientos intrusivos y obsesiones; esas ideas, miedos o penas que los mantienen en alerta o deprimidos. Por fortuna, existe una solución para alejarse de este círculo vicioso tan negativo: cambiar el foco de atención de nuestros pensamientos y emociones.

En mi caso, reconocer los síntomas cuando surgían y tratarlos cuando me alteraban, hasta calmarlos, se convirtió en la mejor medicina contra la ansiedad. Un remedio que me ayudaba a comprender que no sufría más que una falsa alarma que estaba desactivando gracias a mi distracción, al cambiar la preocupación por una atención más activa y positiva.

ACCIÓN

Seguramente han sido, son y serán muchísimas las veces durante la vida en que, reconociendo ese alboroto sin sentido de nuestros pensamientos, hemos pensado: «Tengo que pararlo, tengo que dejar de pensar en esto». También es probable que al intentar eliminar una idea, lejos de conseguirlo hemos logrado lo contrario.

Esto se debe a que si nos resistimos a un pensamiento, si intentamos sacarlo a la fuerza de nuestra mente, se hará más fuerte, contrariamente a lo que estamos buscando.

Carl Jung, una de las figuras clave en los inicios del psicoanálisis, resumió esta idea en la frase: «A lo que te resistes, persiste»; asegurándonos así que la mejor manera de mantener una idea en nuestra mente era intentando resistirnos a ella.

Para entenderlo más fácilmente puedes experimentarlo tú mismo. Prueba a no pensar con todas tus fuerzas en, por ejemplo, un mono amarillo colgado de un árbol. Cierra los ojos durante un minuto e intenta con todas tus fuerzas no pensar en ello. Después, responde a esta pregunta: ¿Lo has conseguido?

Si te ha resultado imposible quitarte esa idea de la mente: ¿Cuál sería entonces la solución a este tipo de situaciones tan frecuentes en las obsesiones o las fobias?

El remedio pasará por aceptar este tipo de pensamientos e intentar cambiar, poco a poco, nuestro enfoque. No somos nuestros pensamientos, por lo que podemos cambiar ese canal en el que nos ha sumergido nuestra mente, con el fin de que la idea se difumine y vaya perdiendo fuerza.

Para conseguirlo, prueba a cambiar el ritmo de tus pensamientos cuando lo necesites, con calma, sin prisas, sin resistirte ni frustrarte a lo que ya está ahí. Entiende que aquello en lo que te enfocas tiende a crecer, por lo que si eliges ver el lado bueno de las cosas y dejas de enfocarte en lo negativo, tu realidad podrá empezar a cambiar.

Acción: Distracción activa

- **Reconoce ese razonamiento que te perturba y cambia de canal:** Toma conciencia y registra ese primer acceso de tristeza o preocupación. Respira después lentamente y normaliza la situación, no va a pasar nada y seguramente la realidad no es tan triste ni peligrosa. Recupera la calma y cambia el foco de tu atención hacia cualquier otro elemento que haya en torno a ti. Si te ayuda, puedes gritar «¡Basta!» o imaginar esta palabra en tu mente.
- **Elige tu mejor espacio para practicar las técnicas de distracción:** Un ambiente limpio y ordenado, la naturaleza, tu rincón especial, el bosque o la playa te ayudarán a poner el foco de atención en tus sentidos.
- **Disfruta de tus pasiones:** No existe una práctica más efectiva para evadir tu mente que disfrutar del presente; para ello, el ejercicio y en mayor medida disfrutar de alguna de tus pasiones, pueden ser tu mejor medicina.

REACCIÓN

Como te comentaba, mi mejor terapia contra la ansiedad fue reconocer que mis síntomas eran directamente proporcionales a la atención que ponía en ellos. Tomar conciencia de cómo disminuían hasta desaparecer cuando me distraía, me ayudó a aceptar no solo que este trastorno no era peligroso, sino que yo mismo era mi mejor medicina y que actuando conscientemente sobre esta alarma podría desactivarla.

Superar la ansiedad supone aprender a convivir con ella, por lo que no siempre debía recurrir a esa distracción activa, pero en ocasiones, sobre todo cuando los picos de estrés eran altos, estas técnicas me ayudaron a relajarme hasta que sin darme cuenta no solo había dejado de sentir aquellos complicados síntomas, sino también las desagradables preocupaciones que los acompañan.

Por ello, si sufres este trastorno, deberás hacerles un hueco a esos miedos, tristezas y preocupaciones, para dejar paulatinamente que vayan perdiendo intensidad. Podrás hacer algo parecido a ese pequeño experimento del dedo y las páginas del libro, pero en este caso, el dedo serán los miedos o tu pena, y las páginas del libro, tus técnicas más efectivas de despiste o tus más grandes pasiones.

Durante esta etapa conviene que practiques con frecuencia el ejercicio de centrar la atención en tus sensaciones para darte cuenta de que, haciéndolo, estas se hacen más fuertes, y después utilizar alguna técnica de distracción, aceptando que todo trastorno mantiene un círculo vicioso de emociones, que es posible cortarlo si cambiamos el foco de nuestros pensamientos.

Reacción: Distracción activa

- **Reconoce el miedo, la preocupación y sus síntomas:** Ubica esa emoción en tu mente y en tu cuerpo, siente su fuerza y busca cambiar el enfoque para que se difumine.

- **Descubre tu mejor ejercicio de distracción:** Usa todos tus sentidos para ello. En mi caso, si estaba en la calle, sumar las matrículas de los coches me ayudaba mucho a reducir la ansiedad. Si estás solo, contar de 200 hasta cero, de dos en dos, mientras respiras lentamente; realizar la práctica del «globo rojo»; cantar; mirar escaparates de tiendas, o disfrutar de buena música, pueden ser algunos de los ejemplos de tu mejor medicina. Practica y practica, hasta convertirte en un experto: así podrás elegir tu mejor remedio y distraerte de manera automática cuando lo necesites.

- **Realiza actividades que requieran toda tu atención:** Ejercicios como hacer sopas de letras, crucigramas, sudokus o pintar mandalas te obligarán a cambiar tu foco de atención y escapar de los problemas, la tristeza y las preocupaciones. Intenta tomar conciencia de que la atención es como un músculo que crece y se hace más ágil y fuerte cuanto más lo trabajes.

LA VISUALIZACIÓN POSITIVA, IMAGÍNATE FELIZ

> Todo lo que se puede imaginar es también real.
>
> PABLO PICASSO

«Creer» puede significar lo mismo que «crear» si actuamos en consecuencia. Por ello, si habituamos a nuestra mente a creer en ideas positivas, sobre nosotros o nuestra realidad, seguramente de una manera inconsciente atraeremos mucha más felicidad a nuestra vida. Espero ayudarte a comprender que visualizando y afirmando la vida que deseas, tienes el poder de convertirla en realidad.

Para empezar este capítulo prueba a hacerte esta pregunta: ¿Con qué ideas, pensamientos e intenciones sueles alimentar tu mente?

Sería conveniente que pensaras bien tu respuesta y comprendieras que tu mente es como un jardín en el que florece aquello que cultivas a diario. Imágenes y palabras son para ella como los sonidos al oído, ingredientes con que se nutre y desarrolla, elementos que, como hemos visto, pueden traernos mucha felicidad si son oportunos, pero también mucho dolor. Partiendo de todo esto, es fácil comprender que una manera excelente de sembrar pensamientos y emociones que nos ayuden a vivir mejor es atraerlos mediante la visualización positiva.

Imagínate sano, feliz y sonriente, disfrutando de alguno de los mejores momentos que puedas recordar. Crea una imagen en tu mente en la que te sientas así.

Piensa en ella durante unos minutos, reconoce las sensaciones que surgen y fluyen por tu cuerpo. Reconoce el efecto de sentirlo y luego responde a esta pregunta: ¿No te encuentras mejor?

Si nos acostumbramos a imaginar realidades agradables sobre nosotros y nuestro mundo, nuestra mente se nutrirá de ello, y aceptará y buscará este tipo de ideas de un modo más habitual. Podremos y nos será útil ayudarnos de ideas o afirmaciones que refuercen ese objetivo, ya que si nos creemos mejores, nos sentiremos también mejor, y buscaremos atraer más situaciones o elementos que refuercen ese estado.

LO QUE DICE LA CIENCIA

El uso de la visualización como herramienta terapéutica es muy antiguo, y son numerosas las investigaciones que no dejan lugar a dudas sobre los beneficios que con ello podemos obtener.

Uno de los experimentos más controvertidos e interesantes sobre el tema lo realizó en 1971, el doctor Carl Simonton, oncólogo y director médico del Centro de Consejo e Investigación del Cáncer, en Texas, y pionero en la utilización de visualizaciones junto con el tratamiento médico tradicional.

El doctor Simonton, intentando tratar distintos tipos de cáncer, enseñaba a sus pacientes a visualizar en su mente una batalla que se libraba en el cuerpo, donde los glóbulos blancos destruían todas las células malignas que encontraban en su camino. Los pacientes imaginaban después cómo iba desapareciendo el tumor y cómo recobraban una salud radiante.

En uno de sus estudios, se enseñaron estas técnicas de visualización a 159 pacientes que tenían un cáncer incurable desde el punto de vista médico, y se obtuvieron unos resultados sorprendentes que no solo avalaban su teoría sino que sentaban las bases de un nuevo tipo de terapia con muchísimo potencial, ya que, mientras el tiempo de supervivencia estimado para este tipo de pacientes estaba en una media de doce meses, cuatro años después casi la mitad de los pacientes del experimento aún seguían con vida.

Esos resultados no aseguran que las técnicas de visualización curen por sí solas enfermedades tan agresivas, pero sí explican que desarrollar mentalmente este tipo de imágenes proporciona numerosos beneficios, como calmar el estrés o el dolor crónico y mejorar el tratamiento.

Aparte del uso de estas técnicas en el ámbito médico, también son muy utilizadas en el deporte o la educación, mejorando en gran medida los niveles de rendimiento, ayudando a transformar dificultades en oportunidades y ayudando a conseguir el éxito. Se ha demostrado que este tipo de ejercicios mejora la memoria, desarrolla la confianza en uno mismo y potencia la actitud positiva, factores indispensables para disfrutar más y mejor de la vida.

Por fortuna, no hace falta ser un deportista de élite o un buen estudiante para introducir la visualización positiva en nuestra realidad. Todo el mundo puede tener éxito practicándola, ya que es más una cuestión de paciencia y perseverancia que de capacidades innatas, y como ahora verás, una herramienta muy efectiva en el caso de sufrir una situación que nos limita o condiciona.

LO QUE DICE LA EXPERIENCIA

El uso de la visualización es algo que practicamos todo el tiempo, aunque muchas veces no nos demos cuenta de ello, o ¿acaso no te pasas muchas horas al día preocupado por tu futuro e imaginando cosas buenas o malas que puedan ocurrir?

Imaginar es lo mismo que visualizar; entonces, si podemos hacerlo de una manera consciente y efectiva, ¿por qué no enfocar nuestra intención y nuestros pensamientos hacia aquello que deseamos?

Nuestros pensamientos también producen resultados a largo plazo, por lo que si tenemos ideas con consecuencias positivas, tendremos mejores resultados, pero si por el contrario imaginamos cosas malas, tarde o temprano llegarán a nuestra vida situaciones negativas.

La visualización es también una herramienta muy útil para conseguir un mayor control de la mente y el cuerpo, así como para efectuar cambios en nuestro comportamiento. Y es, asimismo, una técnica efectiva para tratar con el dolor, ya que superar un momento difícil requiere de nuestra actitud: visualizar internamente cómo deseamos sentirnos ayudará a que nos levantemos con más ganas y energías.

Como ya sabes, en los casos de la ansiedad o la depresión, de nada sirve dejar la solución en manos ajenas, como tampoco hay que esperar que el tiempo o la medicación hagan el trabajo por nosotros. Tal vez por ello, en mi caso particular, tener en cuenta cómo deseaba sentirme, admitir que era posible recuperarse y que muy pronto podría experimentar una mejoría, fue una de las prácticas más eficientes para convivir y superar las dificultades de cada nuevo día.

En mi realidad junto a este tipo de problemas, era consciente de que provocando activamente y de modo continuo este tipo de afirmaciones e imágenes positivas, este modo de pensar se iba instalando en mi mente hasta generarse por sí solo, atrayendo hacia mi vida más cosas buenas y descartando todo aquello que suponía una dificultad. Ver películas inspiradoras, observar aquello que deseaba sentir e incluso sentirlo eran excelentes ingredientes para sembrar y atraer este tipo de realidades.

ACCIÓN

La mayoría de los estudios sobre la práctica de la visualización positiva sugieren que es mejor realizarlo diariamente entre 15 y 20 minutos al día junto con alguna técnica de relajación. Una herramienta increíble que puede aplicarse tanto para afrontar períodos complicados como para actuar en cualquier aspecto de nuestra vida: hablar en público, afrontar una situación difícil, realizar un examen...

El uso de estas técnicas es un proceso que reactiva experiencias que consiguen hacernos disponer y atraer esas herramientas para utilizarlas cuando lo necesitemos. No es solamente imaginar, sino proyectarnos a ese lugar o situación deseada, poniendo en marcha todos los sentidos de modo que nos encontremos viviendo y disfrutando de esos momentos, con los importantes cambios hormonales y emocionales que hacerlo atraerá a nuestra vida.

Acción: Visualización positiva

- **Imagina cómo deseas sentirte o esa meta que deseas conseguir a medio plazo:** Cuando lo hagas, recupera una fotografía, un objeto o un recuerdo que te haga sentir ese deseo, y úsalo como fondo de pantalla o déjalo en algún lugar donde lo veas a diario. Utiliza un minuto al día para observar la imagen e imaginar y sentir esa situación, toma conciencia de lo que sientes y cree en ello. De ti depende acercarte a tus sueños, porque para tu cerebro no existe diferencia alguna entre imaginación y realidad.
- **Visualiza mientras practicas la meditación:** Para practicar de un modo más efectivo el arte de visualizar, prueba a hacerlo mientras meditas. Podrás encontrar muchos vídeos o aplicaciones que unan estas dos disciplinas, una práctica que traerá muchísimas cosas buenas a tu vida.

REACCIÓN

Visualizar no es otra cosa que aprender a imaginar situaciones deseadas del modo más realista posible, aportando todos los detalles que podamos incluir mientras lo sentimos por dentro. Es un ejercicio consciente con el propósito de alcanzar nuestros objetivos y superar obstáculos. Por ello, ante el dolor no hay nada mejor que visualizarte sano; imaginarte y sentir que ya te has recuperado puede ser una de las mejores medicinas en tu lucha, ya que cuanto más fuerces este tipo de situaciones en tu mente, más estarás creando esas emociones que te mantienen en tu estado deseado, eliminando esas otras que te provocan malestar y recuperando ese equilibrio que tanto necesitas.

Para ayudarte voy a explicarte alguno de los ejercicios que más me han ayudado a enfrentarme con el dolor:

Reacción: Visualización positiva

- **Imagina que ya estás recuperado, visualízate así:**
  Visualiza una escena real que tenga que ver contigo y con tu vida, en la que sonríes y has dejado de sufrir. Si es posible, usa alguna imagen o fotografía que pueda recordártelo o te haga pensar en lo que harás en cuanto vuelvas a estar bien. Cuando la tengas (si no existe, puedes utilizar Photoshop y crearla), úsala como fondo en tu móvil y ordenador, imprímela y llena tu ambiente de esa realidad para verla nada más abrir los ojos cada nuevo día.

- **Visualízate superando alguna de tus fobias:** Puedes hacer el ejercicio anterior también con alguno de tus miedos. Si, por ejemplo, tienes miedo a volar, utiliza alguna imagen tuya sonriendo dentro de un avión, o créala, y ponla en algún lugar donde la puedas ver a diario. Si es posible usa una imagen donde reflejes que no sientes miedo ni preocupación, al hacerlo comprobarás que, poco a poco, vas perdiendo el miedo y normalizas la situación.

ACEPTA LA EMOCIÓN, HAZLE UN HUECO

> La mente por sí misma puede hacer un
> paraíso del infierno o un infierno del pa-
> raíso.
>
> JOHN MILTON

*Las emociones tienen un significado y un sentido, lle-
gan a nuestra vida para mostrarnos un mensaje que debe
ser escuchado. No hay emociones malas, es nuestra interpretación la que así las considera, y creyéndolas de ese
modo, las evita o esconde, haciendo que en lugar de alejarse se mantengan y se hagan más fuertes. Aprender a darles
su justo valor es una práctica que traerá muchas cosas buenas a tu vida.* Todo trastorno emocional nace a partir de
una incorrecta gestión de nuestras emociones, por ello tan
importante como no atraer pensamientos o sensaciones
complicadas (como veíamos en el primer apartado de este
capítulo) es no evitarlas, esconderlas o cambiarlas, sino
más bien darles el valor que merecen y tratarlas como lo
que son, un indicador interno que necesita ser escuchado
y atendido.

Nos cueste creerlo o no, somos en buena medida responsables de nuestros pensamientos y emociones, pero
seguramente a ti, como a mí y a muchas otras personas,
jamás nos explicaron la importancia que debíamos dar a
estas sensaciones, sino todo lo contrario. La sociedad en
que vivíamos hace años daba poco o ningún valor al mundo emocional —por fortuna, esto ha cambiado—, con-
fundiendo la autoestima con el egocentrismo e incluso

educándonos para evitar reflejar sentimientos como la tristeza o el amor.

Muchas personas hemos vivido realidades en las que familiares o amigos repetían frases como: «Llorar es de nenas» o «No muestres a nadie tus verdaderos sentimientos»; pero lo peor no era escuchar esas teorías tan comunes aquellos años, lo peor era ponerlas en práctica, ya que preferías esconder cualquier malestar emocional por miedo a posibles reprimendas o a que pudieran considerarte un «flojo».

Eran épocas en las que se confundía «hombría» con «frialdad», momentos en los que la sociedad parecía valorar más el hecho de adquirir conocimientos que el ser mejor persona. Un período en el que, desgraciadamente, poner el acento en el «saber» y tan poco en el «ser» hacía de las personas seres realmente estúpidos.

En mi opinión, la estupidez humana sigue evolucionando, pero, por fortuna —al menos, respecto a este tema de la educación emocional—, las cosas parecen haber mejorado mucho. Hoy en día, es ya una práctica extendida enseñar a los niños que no hay nada más importante en su mundo que cuidarse y apreciarse, y que es mejor expresar las emociones o incluso pedir ayuda que dejar que crezcan y te arruinen la vida por obstinación o estupidez.

Ser inteligente emocionalmente significa, en definitiva, dar el justo valor a las emociones, para que seamos nosotros y no ellas quienes tengamos el control.

La vida nos demuestra que, dependiendo del modo en que percibamos una situación, nuestros pensamientos nos afectarán derivando en una respuesta más positiva o negativa. Aunque es fácil confundirse, no es la emoción la que es negativa o positiva, sino el modo en que nosotros la valoramos. Una vez más, lo importante no es lo que pasa, sino lo que pensamos y decidimos hacer con lo que ha sucedido.

La responsabilidad de lo que hacemos con nuestras emociones nos puede frustrar inicialmente, ya que estamos acostumbrados a echar balones fuera, a querer sentirnos bien y hacerlo rápido. Pero hacernos responsables de nuestros sentimientos será el primer paso para poder mejorar el modo en que nos afectan, ya que solo de nosotros dependerá decidir cómo queremos sentirnos.

Por ello, es indispensable aprender a aceptar nuestras emociones, a convivir con ellas y tolerarlas, sea cual sea su intensidad y el modo en que se expresan. El miedo, como la tristeza, la ansiedad o la ira no tienen por qué ser malas o negativas, únicamente debemos aprender a reconocer lo que intentan enseñarnos.

La ira suele surgir cuando deseamos que se haga justicia ante un hecho que nos hace daño, una emoción que de utilizarla correctamente ayudará a que nuestro entorno y nuestros valores jueguen a favor de alcanzar una solución.

La tristeza ayuda a valorar más y mejor al mundo y las personas que nos rodean, a mantener recuerdos y aprendizajes, a ganar en empatía y sociabilidad, a ser más amables y atentos, e incluso a pedir ayuda cuando la necesitamos.

Por su parte, el miedo nos ayuda a identificar peligros, haciendo que los evitemos cuando es oportuno; y lo mismo sucede, aunque en mayor medida, con la ansiedad,

que hace que reaccionemos ante una situación que puede
poner en peligro nuestra vida.

LO QUE DICE LA CIENCIA

En situaciones normales, las emociones nacen, se mantienen el tiempo necesario para que aprendamos lo que
intentan mostrarnos y actuemos, y luego desaparecen. Si
normalmente su duración no supera los 90 segundos, ¿por
qué estamos enfadados, tristes o estresados durante días?

La respuesta más sencilla sería que esto se debe a nuestro «estado de ánimo», una actitud que en el caso de un
trastorno puede permanecer durante semanas, meses e incluso años.

Como veíamos en el capítulo «Conocimiento», toda
emoción supone una serie de cambios neuroquímicos que
se generan en nuestro cerebro límbico. Sus ingredientes
son distintos según el tipo de sentimiento y vienen mez-
clados en nuestra sangre, recorriendo nuestro cuerpo y
provocando cambios fisiológicos y psicológicos en nosotros. Una sustancia que tarda en ser metabolizada y desaparecer por completo de nuestro torrente sanguíneo unos
90 segundos.

El motivo por el que las emociones se enquistan está
en que cuando llega una emoción no nos limitamos a
sentirla sino que nos ponemos a pensar en las causas
que la provocaron, argumentando y creando nuevas
ideas o pensamientos que no hacen más que retenerla y
potenciarla.

De esta manera, ese sentimiento se renueva, por lo que si no logramos desconectar del problema y seguimos rumiando la situación que lo ha generado, el ciclo de los 90 segundos continúa sin fin. Es más, si el pensamiento asociado es un problema que has tenido más veces, la emoción puede renovarse por sí sola con mayor facilidad que si se tratara de algo nuevo. Este modo de actuar conducidos por nuestra propia interpretación es lo que se conoce como «estado de ánimo».

Por fortuna, el estado de ánimo puede cambiarse y mejorar con cualquiera de las herramientas que estamos tratando, pero es importante reconocer cómo surge y se mantiene, y cómo podríamos dejar de generar estados tóxicos o negativos en nuestra vida, si intentásemos tratar a las emociones como lo que son, sin mantenerlas ni retroalimentarlas.

Las emociones son una de las herramientas más potentes y útiles con que la evolución nos ha obsequiado y siempre nos acompañarán, por lo que no tenemos que luchar contra ellas, ya que ese es el mejor modo de hacer que se mantengan.

Aceptar que ante determinadas situaciones vamos a sentirlas y fluir con ellas es la mejor manera de expresarlas y gestionarlas. Ser inteligentes emocionalmente supone todo esto, saber aceptar y dar un tiempo a las emociones para que se expresen de manera natural y pierdan intensidad, y adoptar una respuesta eficiente para cada situación.

Como comentaba al inicio de este capítulo, afortunadamente en la actualidad se da un valor importante a este mundo emocional, tanto que la ciencia apuesta por ello y empiezan a conocerse las bases biológicas de las emociones y su repercusión en la razón y la conducta humana, de modo que han pasado de ser una cuestión antes reservada solo a la filosofía o las artes, a convertirse en una realidad del todo necesaria e incluso de interés científico.

Los avances tecnológicos han contribuido a que se pueda fotografiar el funcionamiento del cerebro en tiempo real, lo cual ha permitido estudiar los cambios que emociones como el miedo, el amor o la tristeza provocan en nuestra materia gris y ha ayudado a diagnosticar a personas que estaban enfermas, así como a identificar los motivos por los que estando deprimido o ansioso se razona peor. Según esas imágenes, ante este tipo de problemas aumenta la actividad del cerebro emocional y disminuye la del cerebro racional, por lo que ya no basta con ser racionales para recuperar el orden.

Como vimos, el cerebro límbico y el racional están interconectados, y son muchas más las vías de comunicación desde la emoción a la razón que al contrario, por lo que ante ciertos problemas puede ser muy complicado volver a razonar con normalidad. El éxito de la psicoterapia para tratar estos problemas reside en que se intensifican los caminos que van desde la razón a la emoción, para ayudar a valorar la situación en su justa medida, mientras que los fármacos interrumpen las conexiones que van en sentido contrario, del cerebro emocional a la razón. Es por ello que todas las investigaciones han demostrado que la solución y prevención para cualquier tipo de trastorno pasa por cuidarnos y desarrollar una buena gestión emocional, evitando así que pueda nacer este tipo de desequilibrio.

No te dejes engañar por falsos mitos y si en cualquier momento debes expresar tus emociones y darles rienda suelta, hazlo sin ningún temor a ser juzgado o poder sentirte mal. Reconociendo lo que sientes, atraerás a personas que puedan ayudarte a sentirte mejor y darte más amor, aparte de que está científicamente demostrado que algunas acciones, como por ejemplo llorar, tienen beneficios sorprendentes. Muchos estudios han descubierto que las lágrimas emocionales —provocadas por alegría o tristeza— tienen un contenido muy alto en hormonas de estrés, por lo que llorando eliminamos buena parte de las hormonas que nos producen estrés y conseguimos rápidamente una sensación de bienestar. Por eso, ten seguro que si necesitas llorar y lloras, te sentirás mejor.

LO QUE DICE LA EXPERIENCIA

Por experiencia puedo asegurarte que es totalmente imposible y del todo inútil intentar eliminar la ansiedad sin antes hacerle caso. Podrás llenarte de pastillas, realizar una maratón por semana o convertirte en monje tibetano, pero de nada te servirá todo esto si antes no aceptas que esta emoción convive contigo para que escuches su mensaje.

En mi caso fueron varias las causas y normalmente todas generaban en mí esa sensación de pérdida de control o inseguridad, ya fuese porque sentía que me dejaban de lado o por intentar ser quien no era. Reconocer su mensaje, comprender que debía observar aquellos síntomas, complicados y aparentemente peligrosos, como un indicador para mejorar mi vida, fue la única manera de convivir y superar este problema. De nada servían las prisas, era el momento de escuchar la emoción, fuese cual fuese el lugar y el modo en que se presentase, para ir haciendo esos cambios que mi vida quería para mí, pues si la negaba, solo se haría más grande y duradera.

De este modo, la vida me demostraba que mi mejor aliado para superar el problema era reconocer que este período podía traer cosas positivas a mi vida, cambiar la cara de la moneda para observar lo bueno que esa situación escondía, e intentar disfrutar de una actitud adecuada para que muchas de las acciones que ahora estás conociendo me devolviesen a la calma.

Y puedo asegurarte que si existe un secreto para superar la ansiedad o cualquier otro problema emocional es aceptar la situación y aprender a convivir con ella de un modo más sano hasta convertir la dificultad en amiga, y realizar esos cambios por los que se presentó en tu vida.

ACCIÓN

Tal vez una de las tareas más importantes para conseguir ser más felices sea gestionar correctamente nuestras emociones y valorar la vida de un modo equilibrado. Para ello:

Acción: Acepta la emoción

- **Congela la emoción:** Si tienes la oportunidad, antes de dejarte llevar por ella, busca un entorno que te ayude a calmar la situación y que no genere más emociones de ese estilo. Una buena práctica puede ser quedarte a solas mientras tiene lugar el distanciamiento de esa emoción. Si lo haces, prueba a alejarte también de los pensamientos que alimentan esa emoción, para conseguir congelarla. También puedes salir a pasear o a correr, y dejarlo para más tarde. Para suavizar tu reacción, ayúdate de la respiración lenta o de técnicas de meditación o mindfulness.

- **Dale la vuelta, descubre su lado positivo:** Cuando sea el momento, atiéndela y descubre su parte positiva, de ese modo en que si decides observarla podrá hacer que te sientas mejor. Si esos pensamientos negativos llegan debido a una frustración, reconoce el daño que te provoca sentirlos así y piensa: ¿No sería el mejor momento para aprender a calmarme y no dejarme llevar de esta manera por la rabia?

- **Expresa tus emociones:** Puedes elegir entre decir «Te quiero» a un ser querido, llorar cuando necesites hacerlo, pedir perdón o gritar lo más alto posible para dejar ir la rabia acumulada. Tus acciones pueden ser múltiples, elige una cada día y percibe cómo canalizando tus emociones te sientes mejor, te liberas del estrés y dejas de condicionarte por ellas.

Si aprendemos a convivir con la emoción, a escucharla y realizar los cambios necesarios para desplazarla, poco a poco esta irá perdiendo fuerza. Es fundamental tolerarla y pararse a escuchar. Tú eres tu principal medicina: todo empezó en ti y es por ello que todo debe salir también de ti. Si afrontas tus emociones sin huir de ellas, se irán reduciendo hasta desaparecer.

Ya hemos visto cuáles son las necesidades y entendido cómo funcionamos y el modo en que se presenta la ansiedad o la tristeza en nuestra vida, por lo que ha llegado el momento de aprender a tolerar y escuchar estas emociones sin frustrarnos.

Reacción: Acepta la emoción

- **Tolera la ansiedad y sus síntomas:** Reconoce dónde, cuándo y cómo se presenta y, en lugar de comenzar a rumiar y pensar de modo catastrofista en tus preocupaciones o miedos, escúchala y pregúntate qué cambios y mejoras puedes hacer para que te sientas más seguro de ti mismo, recuperes la calma y elimines esos miedos irracionales. Corta el círculo vicioso del miedo.

- **Responde a tu emoción:** Como podrás comprobar, las sensaciones disminuyen si dejas de huir de ellas y las aceptas diciéndote a ti mismo: «Si noto estos síntomas no importa, ya se irán cuando quieran». Ve trabajando en cada uno de los puntos de esta lista, y cuando se presente la emoción dite a ti mismo: «Gracias, ansiedad, esta semana estoy trabajando en darme más cariño, en tener más paciencia... [o en esa acción que has elegido]».

- **Si necesitas llorar, llora:** Está demostrado que haciéndolo nos liberamos de mucho de ese estrés inútil que tanto puede angustiarnos. Así que, tengas la dificultad que tengas, si necesitas llorar, no lo dudes más y llora todo lo que quieras.

Ambiente

Cuida el exterior tanto como el interior,
porque todo es uno.

BUDA

Seguramente ya sepas que si el cuerpo está enfermo o
en desequilibrio, también lo estará la mente, y lo mismo
sucederá al contrario. Se trata de una verdad que siglos
atrás ya apreciaron los filósofos de la Antigua Grecia, resumiéndolo en la famosa frase: «*Mens sana in corpore
sano*»; es decir, para disfrutar de la vida necesitamos mantener ese equilibrio, tener un cuerpo y una mente sanos.

Pero para ser realmente felices no es suficiente con
esto, también debemos interactuar con el exterior, ya que
será ahí fuera donde encontraremos estímulos, situaciones y elementos que conforman nuestro mundo, un mundo en el que no podrá faltar el amor ni el bienestar, una

realidad en la que tendremos que empezar por evitar todo aquello que pueda dañarnos.

Nuestro ambiente puede convertirse en nuestro mejor aliado, haciéndonos lograr mejores resultados con menos esfuerzo, pero por desgracia también puede conseguir lo contrario, transformándose en nuestro peor enemigo si no lo cuidamos. Se trata de un elemento que puede marcar la diferencia entre una vida feliz y otra desdichada, capaz de modificar la expresión de nuestros genes y la de los de nuestros descendientes, ya que es este —y no nuestra genética— el factor fundamental en el desarrollo de enfermedades.

Antes de abordar en profundidad la influencia del ambiente en nuestra salud y también en nuestro comportamiento, me gustaría hablar del llamado «experimento del muñeco bobo», que fue llevado a cabo por el psicólogo Albert Bandura. Con ese estudio intentaba averiguar si el comportamiento agresivo es innato o, más bien, adquirido. Para demostrarlo se utilizaron un grupo de niños de entre tres y cinco años, a los que introdujeron en una habitación con diversos juguetes, acompañados también de un adulto y un «muñeco bobo», que es el que da nombre al experimento. El adulto debía jugar con los juguetes y luego ejercer una conducta —agresiva o pasiva— con el muñeco, exponiendo a la mitad de los pequeños a un tipo de conducta y al resto a la otra.

Los resultados demostraron que los niños expuestos a un comportamiento violento exhibían conductas más agresivas, mientras que el resto no realizaba ningún tipo de ataque hacia el muñeco.

Este estudio respondía a una cuestión muy debatida en su momento, explicando que la agresión era, más bien, aprendida que innata, dejando claro que el ambiente fomenta el comportamiento en el ser humano. Si tenemos en cuenta la importante influencia que tiene en nuestra vida, y sabiendo que no podemos prescindir de él, sería genial poder elegirlo cuidadosamente para que juegue a nuestro favor.

EVITA EL AMBIENTE TÓXICO

> Quédate con quien te cubra del frío, te cobije ante el miedo y te cuide del mal; y todo eso suceda en un abrazo.
>
> ANTOINE DE SAINT-EXUPÉRY,
> *El principito*

Del mismo modo que ya sabemos que ciertas sustancias como las drogas atacan al organismo, y otras como los pensamientos y emociones pueden hacerlo con nuestra mente, también un ambiente tóxico puede provocar dolores físicos y emocionales, por lo que reconocerlo y atenderlo debería siempre ser nuestra primera acción cuando ponemos el foco en ese mundo exterior que nos rodea.

En esa necesidad por conocernos de un modo más efectivo, también deberíamos hacernos preguntas como estas: ¿Puede esa persona o situación estar influyendo en mi malestar? ¿Está en peligro mi integridad física o emocional si sigo frecuentando ese tipo de ambientes, experiencias o situaciones?

Y en el caso de que existan elementos que no nos hacen ningún bien —algo más fácil de reconocer si sufrimos algún tipo de problema emocional, ya que agrava nuestros síntomas—, ha llegado el momento de cambiar esta realidad. Muchos pueden ser los factores externos que sabotean nuestra vida, pero los síntomas siempre serán nuestra mejor brújula para identificar su influencia.

Si junto a cierto tipo de personas sentimos más nerviosismo, agresividad o tristeza, seguramente haya algo que no funcione como deseamos. Es fácil apreciar que cuanto más conectemos con esas personas que nos hacen sonreír y más desconectemos de esas que nos inquietan, más felices nos sentiremos.

Teniendo en cuenta otros factores externos y otras situaciones, la realidad es la misma: ¿Cómo nos sentimos antes, durante o después de eso? ¿Estamos tristes, vacíos, preocupados o confundidos?

Es el mejor momento para empezar a reflexionar sobre tu mundo exterior, ser consciente y realista, y apuntar lo que te ayuda a sentirte mejor y lo que provoca el efecto contrario.

Tu acción puede resumirse en poner sobre la balanza, por un lado, quién eres y cómo te sientes, y por otro, quién te gustaría ser y cómo te gustaría sentirte. De este modo comprenderemos si esa forma de vivir nos acerca a la mejor versión en que estamos trabajando o nos aleja de ella, y tomaremos conciencia de que cuanto más nos alejemos de nuestra armonía, más en peligro nos estaremos poniendo.

A partir de estos desórdenes nacen también los trastornos y problemas emocionales. La depresión viene originada por un exceso de tristeza, negatividad o culpa; en el caso de la ansiedad, son los miedos y las preocupaciones lo que la provocan, e incluso los trastornos alimentarios son producto de un exceso o una falta de comida. En definitiva, el problema está en la falta de equilibrio, algo de lo que siempre deberíamos ser conscientes y cuidar en nuestra vida.

Así podremos entender cómo el entorno, formado por esas personas, circunstancias y situaciones que nos rodean, tiene un efecto directo en nuestro bienestar, por lo que transformar un ambiente negativo en positivo puede ser una de las mejores acciones para disfrutar más y mejor de la vida.

LO QUE DICE LA CIENCIA

En 1942 el biólogo Conrad Hal Waddington acuñó el término de «epigenética» para referirse al estudio de las interacciones entre los genes y el ambiente. Hoy en día, el desarrollo de esas primeras investigaciones ha certificado que el ambiente puede modificar la actividad del ADN sin alterar su secuencia pero sí la expresión génica de nuestra descendencia, haciendo que se manifiesten unos u otros genes.

De este modo, una madre que durante la gestación esté sometida a un gran estrés —pensamientos negativos, ansiedad o depresión...— provocará que se activen o repriman ciertos genes implicados en la regulación de esa anomalía, dando lugar por ejemplo a un aumento del cortisol (hormona reguladora del estrés) que pasará por vía sanguínea de la placenta al feto.

Según demuestran algunos estudios, los niños de madres embarazadas que han sufrido mucha ansiedad, acaban padeciendo alteraciones conductuales cuando son adultos. Por ejemplo, los bebés de algunas mujeres embarazadas cuando ocurrieron los atentados del 11-S presentaban alterados niveles de cortisol en su saliva en comparación con la media. Algunos niños que con diez años desarrollaban ya estrés postraumático —sin que hubieran experimentado situaciones traumáticas en su vida—, además de otros síntomas evidentes, como insomnio, fatiga crónica o depresión.

Otra investigación considera que los traumas también son heredables, ya que muestra cómo los descendientes de personas que sobrevivieron al Holocausto desarrollaron estrés postraumático y un patrón epigenético muy alterado, con genes activados en exceso o demasiado silenciados.

En todos los casos citados, los estudios científicos confirman que estos rasgos genéticos se heredan desde el desarrollo embrionario y se transmiten a la descendencia.

La ciencia ha certificado también que aunque la genética nos predisponga a padecer un trastorno, eso no es determinante. El único factor que decide que esto suceda está en nuestra experiencia y en el ambiente, pudiendo favorecer o alejar este tipo de problemas e incluso llegar a modificar, como acabamos de ver, el modo en que se manifiestan nuestros genes o los de nuestros hijos.

Por tanto, no son nuestros genes los que nos harán sufrir y padecer enfermedades, sino nuestra manera de vivir y de interactuar ante el mundo.

Asimismo, sabemos que el consumo de drogas o de tabaco por parte de una futura madre durante su embarazo puede tener consecuencias fatales en el desarrollo y la vida del que será su hijo.

Por todo ello, ya sea por nuestra propia vida como por la de los nuestros, no basta con cuidar el cuerpo o la mente en exclusiva, nuestro ambiente es también prioritario, ya que resulta tan potencialmente dañino si lo descuidamos como el resto de los factores.

Pensando en los tiempos en que vivimos, otro de los factores a tener en cuenta para nuestro bienestar es que el exceso de información y de oportunidades, lejos de ayudarnos a disfrutar de una vida más sana, consigue lo contrario. Las redes sociales y las nuevas tecnologías nos obligan a prestar atención en muchos frentes, todos a la vez. Esto favorece tanto el estrés como el agotamiento físico y mental o la insatisfacción personal, y ha contribuido a que las visitas al médico por problemas físicos hayan sido superadas por las que se hacen debido a las enfermedades mentales y los problemas emocionales.

Se trata de un círculo del que es muy complicado salir, aunque por fortuna nuevos estilos, como el de la llamada «vida lenta», pueden ayudarnos a conseguirlo.

Un estudio realizado en la Universidad de California, en Los Ángeles, ha demostrado que la multitarea tiene un impacto muy potente en nuestro modo de razonar y disfrutar del entorno, hasta el punto de que si realizamos varias cosas a la vez en lugar de una tras otra, nos estamos perdiendo mucho del presente.

Todo esto no solo influye en nuestra calidad de vida en cuanto al modo en que podamos apreciar el entorno y responder a sus necesidades, sino que también tiene un impacto directo en la salud al aumentar nuestros niveles de estrés y ansiedad, e incluso puede llegar a ser letal.

Y tan negativo como el exceso de tareas, información, situaciones o distracciones, es la avalancha de información negativa tan habitual en los medios de comunicación. Por ello, si sufrimos estrés, ansiedad o depresión, deberíamos cuestionar ese material que permitimos que entre en contacto con nuestra mente, ya que la publicidad engañosa, las malas noticias o cualquier otro tipo de información dañina pueden envenenarla del mismo modo que lo hacen las drogas.

Una reciente investigación del Framingham Heart Study de Massachusetts ha descubierto que el hecho de estar expuestos a estímulos emocionales negativos de otras personas provoca en nosotros el mismo efecto emocional que cuando estamos estresados al máximo, concluyendo así que las emociones se contagian y que la negatividad es la más fácil de transmitir. Las estadísticas revelaban que compartiendo el tiempo con alguien feliz aumentamos en más de un 10 por ciento las probabilidades de sentirnos alegres, pero en el caso de hacerlo con alguien negativo, las probabilidades de convertirnos en personas infelices aumentan hasta el 50 por ciento.

En este punto, imagino que ya habrás llegado a la conclusión de que no existe ninguna persona más importante en tu realidad que tú mismo; nadie a quien le debas tanto, a quien debas cuidar, respetar y tratar mejor que a ti mismo.

Por todo ello, la elección tanto del modo de vida como de las situaciones y personas que formen parte de tu entorno debe nacer de ti. Tú tienes la capacidad de escoger cómo deseas que sea tu mundo, un espacio donde reconocerás a tus amigos, a tu pareja e incluso a tus familiares.

Si bien las personas negativas están por todos lados y a veces no nos queda otro remedio que tratar con ellas, es fundamental respetarse y protegerse para no dejar que la negatividad del otro influya en nuestra salud. Tal vez no podamos decidir siempre si incluirlas o no en nuestra vida, pero al menos tenemos la capacidad de minimizar su efecto e incluso de evitar el contacto si su influencia es muy negativa.

Otro elemento muy importante a considerar es el espacio en el que vivimos. Es fácil reconocer que la suciedad y el desorden provocan también suciedad mental y desequilibrio tanto físico como emocional, ya que generan más estrés y emociones que nos afectan de un modo negativo. Por el contrario, la luz y el orden influyen en la mente, potenciándola y ayudándonos a ser más positivos y creativos; tal vez por ello, una de las terapias más utilizadas ante la depresión es la terapia de luz o fototerapia. Deberíamos adoptar más a menudo la idea del minimalismo, un modo de vida en el que tener menos cosas significa contar con más espacio y claridad mental.

Tal vez por ello una fórmula perfecta para disfrutar de un ambiente sano sea cambiar el exceso por la calidad, y mantenerlo en todos los aspectos de nuestra vida.

LO QUE DICE LA EXPERIENCIA

Los momentos complicados pueden convertirse también en las mejores oportunidades para realizar cambios y mejorar nuestro estilo de vida, espacios de reflexión en los que darnos cuenta de todo aquello que puede ayudarnos a soportar y superar el dolor, y también de lo que consigue lo contrario.

Realidades como la ansiedad, o cualquier otro problema emocional, sirven para hacernos comprender que nada va a mejorar si no lo hacemos nosotros. Y de este modo, movidos por esa necesidad de sentirnos mejor, comprendiendo que es la única acción posible para recuperarnos, nos tocará trabajar y mejorar el modo en que nos cuidamos y cuidamos también de nuestro entorno. Seguramente en momentos como estos podamos observar cómo frecuentar este o aquel lugar aumenta nuestro nerviosismo o angustia, o el modo en que algunas personas nos hacen sentir peor con todo lo que ello conlleva, e incluso cómo no disponer de tiempo o de un espacio ordenado influye directamente en nuestro problema. Podemos observar cómo el dolor y los síntomas a veces se convierten en los mejores indicadores no solo para reconocer estos factores negativos, sino, sobre todo, para alejarlos de nuestra vida.

Si te ha tocado sufrir, te recomiendo empezar a observar qué elementos de tu entorno pueden estar detrás de buena parte de tu sufrimiento. Con las próximas acciones podrás reconocerlos e ir alejándolos de tu vida, y en cuanto empieces a hacerlo te sentirás mejor, estarás aprendiendo a conocerte y a reconocer también cómo es esa vida que de verdad deseas.

ACCIÓN

Meditar, relajar la mente, aprender cosas nuevas o disfrutar de lecturas inspiradoras son acciones que nutrirán nuestro pensamiento, potenciarán nuestra imaginación y creatividad, y nos ayudarán a observar de un modo más oportuno el mundo y nuestra experiencia, atrayendo elementos positivos y alejando los negativos.

Acción: Protege tu ambiente

- **Haz una lista de todo lo que te sobre y aléjalo de tu vida:** Descubre esa parte tóxica de tu mundo exterior, al menos los elementos o situaciones más perjudiciales. El exceso de información negativa; esa o esas personas envidiosas, pesimistas o críticas en exceso; los espacios o las situaciones con demasiado ruido y poco sentido, o cualquier realidad que sepas que te está perjudicando, pueden ir a parar a esa lista. Apunta algunos de estos elementos negativos en tu «Diario», y decídete a eliminar o cambiar los que puedan afectarte.
- **Aprende a decir «no»:** En tu vida debes separar lo realmente importante de lo que tan solo es una pérdida de tiempo o no te hace bien. Por ello, aprende a decir «no» a obligaciones extra que no te aportan nada y que no hagan más que estresarte o angustiarte. Puedes hacer una lista y empezar poco a poco.
- **Encuentra tu espacio:** Escoge el mejor lugar donde cultivar y diseñar tu propia felicidad y estar más tiempo contigo. Elige un lugar donde poder practicar las técnicas que estás conociendo, un rincón que será mejor si cuenta con luz natural, pocos elementos y menos ruido, un espacio que cuanto más claro y limpio sea, mucho mejor.

Las malas noticias, el estrés y la negatividad fueron algunos de los más importantes factores que me vi obligado a gestionar durante mis crisis de ansiedad. Sabía lo que me ayudaba a sentirme mejor y lo que conseguía el efecto contrario, de modo que todo conflicto se convertía en una oportunidad para apreciar mejor los elementos internos y externos que debía modificar con el fin de convertir en uno de mis principales aliados ese mundo exterior en el que vivía.

Acciones como elegir a las personas que formaban mi mundo, alejarme de ambientes nocivos en los que las drogas y el descontrol lo nublaban todo, y evitar todos los factores estresantes que potenciaban mi dolor, formaron parte de esa mágica medicina que cambió mi realidad por completo.

Reacción: Protege tu ambiente

- **Reconoce los elementos externos que favorecen tu estado negativo:** Descubre esos ingredientes, ya sean mentales (creencias, pensamientos o ideas), personales (familia, amigos, compañeros de trabajo…) o materiales (lugares donde vives y te relacionas) fruto de tu ambiente, que pueden estar detrás del problema que ahora sufres. Haz una lista de todo aquello que te sobra y empieza a alejarlo de tu vida. Deja de leer noticias en la prensa y la televisión, no veas películas tristes o que puedan estresarte, ni frecuentes ambientes con ideas radicales o peligrosas. Ahora no es el mejor momento para aumentar tus preocupaciones, por lo que si te alejas de estas cosas, verás cómo tu realidad mejora. Hazlo por ti.

- **Elije a «tu gente»:** Elige activamente a las personas que te acompañan en el camino. Convivir con un trastorno no debe alejarte del mundo ni de los demás, pero sí puede ayudarte a apreciar quién sí y quién no merece la pena. Si alguien te genera más ansiedad o negatividad, ha llegado el momento de alejarte de su lado, o al menos de no dejar en absoluto que te influya.

- **Descubre tu mejor ambiente:** Del mismo modo que eliges a esas personas que te acompañan en el camino, comienza a disfrutar más de todo aquello que te llena de vida y hace que te sientas en calma, y evita ruidos, problemas y preocupaciones. Si vives en paz, también tu vida volverá a ese equilibrio que ahora tanto necesitas.

EL AMOR, EL ANTÍDOTO DEL MIEDO

Todo lo que necesitas es amor.

JOHN LENNON & PAUL MCCARTNEY

En este capítulo descubrirás el elixir contra el sufrimiento, la tristeza y el miedo, un elemento capaz de eliminar el dolor físico y también el emocional: el amor. Un elixir que no solo contempla el amor romántico, que puede obtenerse de las personas pero también de la vida, el ingrediente secreto de la felicidad. Un elemento que se consigue recibiendo, pero también dando.

Ya hemos visto el grave impacto que mantener la negatividad, el miedo o la tristeza puede tener en nuestra vida. Seguramente el mejor modo de reaccionar ante este descuido sea reconocer el empacho emocional negativo y atraer situaciones que nos provoquen sensaciones placenteras. Emociones como el amor, capaz de remover cielo y tierra para devolvernos la sonrisa.

El amor llega de la mano de la vida en sus primeros instantes. Actúa de analgésico para la madre frente a uno de los dolores más potentes que existen, el del parto; transformando el sufrimiento en alegría gracias a la segregación de fuertes cantidades de oxitocina, y modificando su cerebro para poner en marcha el instinto maternal. Este impulso hace que la madre deje de centrarse en ella durante un largo período, para hacerlo en la vida de su bebé, pues dependerá de ella para sobrevivir.

El amor es también el mejor antídoto contra cualquier problema, la emoción opuesta al miedo y también la sensación que más energía positiva puede atraer hacia nosotros. Si has sufrido recientemente una ruptura amorosa, puede que creas que sea mejor saltarse este capítulo, tal vez te sientas solo y pienses que esto del amor ahora nada tiene que ver contigo. Pero nada más lejos de la realidad, ya que, antes de buscarlo fuera, tienes que encontrarlo en ti, comprender que el verdadero amor no está hecho solo del querer romántico, pues poco o nada tiene que ver con esos cuentos de princesas durmientes y príncipes azules.

Del mismo modo que para superar la ansiedad debemos entender qué es y cómo funciona, también para disfrutar del amor tendremos que comprender qué es y dónde encontrarlo, una emoción que se consigue al recibir pero también al dar, ya que es la energía que nos hace disfrutar de la vida, esa actitud que nos hace sonreír e incluso darlo todo sin necesidad de esperar nada.

Para nuestra fortuna existe una fuente que lo contiene todo, un origen que está en todos los lugares y cosas, un lugar llamado vida, donde poder saborearlo a través de los sentidos.

La oxitocina es la hormona generada por esta emoción, una sustancia que se ha demostrado que incrementa nuestra atención y el cuidado de nuestro ambiente, ayudándonos a gestionar mejor también las emociones; una hormona con un efecto directo en la reducción de nuestros niveles de ansiedad o de angustia, ya que actúa reduciendo la actividad de la amígdala y, por tanto, inhibiendo la respuesta al miedo.

El amor nos guía hacia determinados estímulos para procesarlos como significativos y recordarlos, interpretarlos y atraerlos más a nuestra experiencia. Como puedes ver, el amor nace del mundo, un espacio en el que abunda esta emoción, gracias a la que podemos superar cualquier dificultad. Vamos a empezar por ti, por tu mundo, por tu vida, vamos a empezar por cultivar el amor propio.

El amor es el principio de todo, es quizá esa palabra mágica que desde muy pequeños debieron enseñarnos a comprender, pero no solo por su significado sino especialmente por el modo en que debemos cuidarlo y mantenerlo, ya que pocas cosas son tan importantes como esta emoción y su poder.

Practicar el amor es casi la única acción común para alcanzar el paraíso en cualquier religión, la vida misma se resume en hacerlo bien y conseguirlo, es el santo grial que quizá contiene el secreto de la felicidad. Parece sencillo ser feliz pero, entonces, ¿por qué la infelicidad domina el mundo en que vivimos? ¿Por qué es tan difícil muchas veces un hecho tan sencillo como sonreír?

Tal vez el motivo esté en el modo en que afrontamos el amor, la manera de entenderlo y qué buscamos en él. Es importante aprender a no reducir el amor a las relaciones románticas, y apreciarlo en todas nuestras interacciones con la vida. Es importante saber que para dar amor hay que saber cómo funciona.

Desde niños, nos insisten en la necesidad de mejorar los conocimientos, ser bueno en matemáticas, sociales, deporte e incluso en religión, más tarde se nos valorará por ello pero, ¿dónde se queda el amor?

La televisión se encarga de darle forma con historias en las que príncipes azules sobre caballos blancos rescatan a princesas que les esperan durmiendo. También los regalos en ocasiones parecen reemplazarlo, y tal vez por ello, ya siendo adultos, los centros comerciales están llenos a rebosar de gente que busca autorregalarse mucho ese elixir que creen que podrá devolverles la sonrisa. Pero, al no conseguirlo, nos sentimos frustrados, despreciados, malheridos... buscamos justicia entendiendo que tenemos mucho amor para ofrecer, aunque sin encontrar a quién entregárselo, sin poder disfrutar de esa persona especial con quien disfrutarlo.

Sin darnos cuenta buscamos fuera pero no comprendemos que el verdadero amor, el más importante de todos, siempre estuvo dentro de nosotros. No era el ser querido sino su abrazo y el significado que le dábamos lo que nos llenaba de alegría, no fue tampoco nuestro perro sino el cariño y la complicidad que observamos en su mirada. El amor siempre comenzó dentro...

Sentirlo, tenerlo y disfrutarlo depende más del modo en que disfrutemos de la vida que de ningún otro factor, persona o circunstancia externa. Por ello, agradecer, abrazar o ayudar a otros son algunas de las acciones que lo generan.

Cuando estás en sintonía, sonríes más, despiertas con ilusión y casi nunca sientes miedo. Cuando fluyes, existe algo más fuerte que elimina las preocupaciones y las tristezas, una fuerza que a veces se nos escapa pero que siempre la hemos tenido frente a nosotros.

Asimismo, queriéndonos bien, poco nos importará el futuro o las dificultades, el mal tiempo o las injusticias, poco valor daremos a juzgar o ser juzgados, y tendremos cosas mejores que hacer en lugar de culpar al tiempo o a la fortuna. Amándonos, no existirán injusticias o malentendidos, sonreiremos a la vida y, al mismo tiempo, la vida nos sonreirá a nosotros.

En ocasiones, nos parece imposible sentir amor, pero no debería ser así, ya que ese es nuestro estado natural. Así sentíamos y vivíamos cuando éramos niños, hasta que al crecer, empezamos a valorarnos con los ojos de los demás sin ser conscientes de ello. Nos diferenciamos, competimos, necesitamos cosas que antes no nos importaban, como el éxito, la fama o la riqueza, incluso sin saber si estos elementos podrán hacernos felices. Sin darnos cuenta, cambiamos amor por miedo, convirtiendo a este último en el principal motor de nuestras vidas. Miedo a perder, a sufrir, a convertirnos en seres solitarios e infelices. La vida y sus dificultades van forjando corazas que nos impiden ser y sentir como antes lo hacíamos, mostrarnos al mundo como realmente somos. Y así llega la infelicidad.

Seguramente la mayoría de los problemas o desajustes emocionales se deban a esta falta de amor, a esa constante búsqueda sin sentido de una felicidad que muchas veces ni siquiera es nuestra.

Por ello, el amor debe empezar siempre por ti. Queriéndote aprenderás a apreciar más y mejor a tus seres queridos, tus pasiones, necesidades y situaciones para recibirlo de la vida y así poder también darlo y fluir con él.

LO QUE DICE LA CIENCIA

De una manera u otra, todo el mundo ha conocido el amor, que no es exclusivo de una relación, como muchas veces hemos podido pensar. El amor es más un arte, un modo de apreciar y disfrutar de uno mismo y de la vida, una emoción que la ciencia, desde el punto de vista biológico ha definido como un fenómeno que involucra nuestro cerebro y los órganos productores de hormonas. Es el principal componente de la felicidad que impacta sobre nuestros pensamientos, emociones y conducta.

Una investigación llevada a cabo por la Escuela de Medicina de la Universidad de Standford ha demostrado que el amor apasionado tiene la misma eficacia contra el dolor que los calmantes, debido a que activa las mismas áreas del cerebro que tratan este tipo de medicamentos, estimulando los sistemas de recompensa y contrarrestando no solo el dolor físico sino también el dolor emocional.

Gracias al amor se genera más oxitocina, dopamina y otros mensajeros químicos que proporcionan un conjunto de sensaciones que van desde el placer a la euforia, la confianza y la motivación, algo que nos cambia por dentro y, por ello, también nuestro mundo.

Diversos estudios científicos han determinado que las hormonas del amor preparan a la madre para soportar el dolor del parto y crear ese vínculo que la unirá a su hijo durante el resto de sus días. Este hecho ha llevado a la conclusión de que son muchas las situaciones que activan la producción de esta química de la felicidad. Así, se descubrió que un abrazo de cinco segundos estimula la segregación de oxitocina, pero uno de veinte segundos la activa y equivale a un mes de terapia psicológica, algo que también sucede con los besos y otras manifestaciones de cariño. También está demostrado que la falta de esta emoción genera ansiedad, estrés, obsesiones y depresión, un motivo más para comprender y aceptar la necesidad humana de disfrutarlo, si queremos gozar de una vida sana.

LO QUE DICE LA EXPERIENCIA

Tanto a ti como a cualquier otro ser de este planeta, la vida nos enseña que el dolor es uno de sus más complicados ingredientes. La muerte, la pérdida o la enfermedad son algunos momentos en que el duelo puede aparecer y mantenerse hasta que decidamos poner de nuestra parte para superarlo.

Del sufrimiento nacerá nuestra particular etapa de superación, un camino que nos demuestra que la responsabilidad de levantarnos, de volver a sonreír afrontando la complicada tristeza y el dolor, es también nuestra. Un compromiso que empieza desde nuestro mundo interior, ya que de nada sirve creer que el problema está en la vida, en los otros o en la mala suerte.

Reconozco que en muchos de mis peores momentos esperaba que fuese el tiempo el que me ayudase a superar las dificultades, hasta que llegaba el día en que, frustrado y cansado al haber evitado tener que verme las caras con la realidad, no me quedaba otra opción que enfrentarme a ella. Me daba cuenta de que, por mucho que me doliese, de nada servía evitarla, y el primer paso era siempre aceptar mi realidad y el sufrimiento, hasta que, poco a poco, aceptase también mi responsabilidad para combatirlo. De nada servía perseguir los ideales de otros o buscar la felicidad donde no la encontraría, debía ser yo quien dirigiera mis pasos.

Por ello, cuanto mayor es el dolor, más necesario es dejar a un lado ese falso yo que hemos ido creando movidos por el miedo, debemos escapar de nuestro ego y orgullo para descubrir quiénes somos y qué es lo que realmente necesitamos.

En mi caso, me daba cuenta de que todo cambiaba cuando volvía a fluir con la vida, atrayendo a personas, situaciones o experiencias acordes a mí, recuperando esa energía y alegría que me ayudaba a volver a levantarme.

Se trata de un proceso de amor totalmente necesario que siempre empieza en uno mismo. Una experiencia que ante cualquier sufrimiento me llevó a descubrir bonitas e importantes lecciones, nuevas herramientas para poder disfrutar del futuro con ilusión.

ACCIÓN

La experiencia es la mejor maestra, y el único modo de superar el dolor es recuperarse y atraer más de todo aquello que da sentido y valor a nuestra existencia.

La ciencia demuestra que todas nuestras necesidades para superar el dolor son paliadas por las hormonas del amor. Es por ello que el amor es el antídoto del miedo, de la tristeza y del sufrimiento, un ingrediente que se puede obtener y mantener fácilmente si nos lo proponemos. Puedes encontrarlo fuera, pero debes empezar en ti. Por ello, lo primero que debes hacer es conocerte mejor, dándote más tiempo y espacio, apreciarte para atraer lo que te haga feliz, sin dejarte llevar por necesidades que nada tengan que ver contigo.

Acción: Enamórate de la vida

- **Descubre tus verdaderos sueños:** Intenta mirar tu realidad presente desde los ojos de ese niño que hay en ti y pregúntate: ¿Cómo actuaría ahora si fuera un niño? ¿Qué virtud o valor podría rescatar si no tuviera miedo, ansiedad o tristeza? ¿Necesito más alegría o bastaría con dejar de intentar ser perfecto? Resume esa idea en palabras: cariño, valentía, aprender, aventura… Cualquiera de ellas puede servir para definirte; apúntalas y, poco a poco, ve atrayendo a tu vida libros, experiencias, biografías, elementos o personas que tengan que ver con ello.
- **Dedícate tiempo:** Tu vida no son únicamente tus responsabilidades, por ello tómate un momento cada día para estar a solas contigo.
- **No te compares:** Eres único e irrepetible, y no lo digo yo, lo dice tu experiencia. ¿O acaso conoces a alguien con tus genes, pasado, presente o condiciones? No hay nadie como tú, por tanto no tienes que perseguir el éxito, la salud, el dinero o el amor de ninguna otra persona.

- **Di sí a las cosas que amas:** Para que te sea más sencillo sentir amor, reconoce tus aficiones, situaciones, personas o experiencias más deseadas, y proponte atraer más de todo esto a tu vida. Haz una lista de cosas que te hagan sentirte mejor, apúntalas y practica al menos una de ellas cada semana.

REACCIÓN

Puede costar más o menos asumirlo, pero no existe un propósito más necesario que cuidar y hacer feliz a la persona más importante de tu vida, y esa persona eres tú.

Si ya has comenzado a trabajar en ti, estoy seguro de que ya sientes el cambio. Puedo incluso adivinar que has vuelto a sonreír y también que empiezas a reconocer los beneficios que tiene disfrutar del arte de cuidarte. Esta sensación, descubrir esa maravilla que siempre ha existido en ti y notar el cambio, será el mejor aliado contra las dificultades.

Si te ha tocado sufrir, probablemente uno de los motivos principales se deba a que te estabas dejando de lado. Mejorar tu autoestima es ahora una exigencia, y por eso estás leyendo este libro. Es hora de regalarte vida, así que regálate momentos, regálate personas, regálate cosas.

Como hemos visto, las hormonas del amor palían nuestros niveles de ansiedad, ya que reducen la actividad de la amígdala, actuando contra el dolor y generando sustancias que combaten la tristeza y la dificultad. Por ello, ahora que estás consiguiendo crear una mejor versión de ti mismo, ha llegado el momento de que reconozcas el cambio, que aceptes y disfrutes de ese nuevo yo que está naciendo en ti.

Reacción: Enamórate de la vida

- **Recuerda a ese niño que hay en ti:** Quítale el polvo a esos viejos álbumes de fotos y disfruta de muchos de los recuerdos felices que has vivido. Hacerlo no solo te provocará una sonrisa, te demostrará también que fuiste feliz y que puedes volver a serlo. Obsérvate y prueba a recordar quién eras, cómo te sentías y cuáles eran tus sueños. Reconocerás que tu misión era disfrutar de la vida y que casi siempre lo conseguías sin esfuerzo.
- **Regálate tiempo libre:** Uno de los principales causantes de la depresión y la ansiedad es el estrés laboral o escolar. Combátelo procurándote tiempo para relajarte y reconectar contigo, pon en orden tus ideas, anota tus progresos y aprecia mejor tu vida.
- **Abraza más y mejor:** Está demostrado que las hormonas del amor se activan a través del contacto físico, siendo los abrazos y los besos dos de las mejores acciones para generarlas. Por ello, besa y abraza más siempre que puedas. Puedes hacerlo con tus amigos, seres queridos, mascotas, e incluso contigo mismo.

- **Disfruta del amor que hay en el mundo:** Prueba a interactuar mejor con el resto de los seres humanos y siente cómo fluye esta emoción. Puedes apuntarte a una ONG, pedir perdón más a menudo, realizar buenas acciones cuando puedas, reconocer méritos ajenos o decir más veces «te quiero». Un buen reto en tu «Diario» podría ser realizar una buena acción durante los próximos días, sentirás que si das amor, lo recibirás del mundo.

REGRESA AL PRESENTE

> El presente es el campo en el que transcurre el juego de la vida. No puede jugarse en ningún otro lugar.
>
> ECKHART TOOLE

Solemos asociar la felicidad con cosas como el dinero, la salud, la belleza o la satisfacción profesional, sin darnos cuenta de que la felicidad tiene solo que ver con nuestra particular atención, nuestro modo de sentir y disfrutar de la vida, algo que solo puede hacerse viviendo en el presente, un tiempo en el que, por desgracia, nos paramos bastante poco a disfrutar.

Solo existe un tiempo para la vida, un espacio donde sentirnos vivos y felices, aquí y ahora. Una dimensión en la que más importante que hacer las cosas bien es, simplemente, hacerlas.

Siendo niños era complicado vivir preocupados o tristes, entendíamos y sabíamos disfrutar de ese *carpe diem* que cuando somos adultos tanto nos cuesta asumir. Podía bastarnos un balón y un muro, tizas y baldosas donde pintar y dar saltos, o cualquier viejo cartón al que poder dar nuevas formas. El mundo era nuestro recreo, un espacio que nos sorprendía y llenaba de magia, un lugar en el que aprendíamos a cada instante y que tenía tanta felicidad como quisiéramos darle. Poco a poco, cuentos y fábulas, como ese de la cigarra y la hormiga, nos hacían entender la necesidad de pensar en el futuro. También tragedias o complicados duelos nos daban a conocer el dolor de la pérdida y la necesidad de echar la vista atrás en ocasiones, para aprender de lo vivido. Necesitábamos prepararnos continuamente para esa otra etapa que suponía convertirnos en mayores, luchar por hacer realidad ese mundo imaginario que en muchas ocasiones venía trazado por otras mentes y otras manos, distando mucho de convertirse en ese lugar mágico que realmente queríamos para nosotros. Y así fue llegando la desdicha, los quiero y no puedo, los puedo y no quiero, un modo de recuperar recuerdos, para pasar después a estudiar el modo en que dichas realidades podrían transformar eso que aún no existía, el futuro.

Los trastornos más comunes nos hacen comprender que la tristeza nos hunde en un pasado muchas veces idealizado, mientras que el estrés nos hace temer por un futuro que solo existe en nuestra cabeza. Así nace el estado de ánimo ansioso-depresivo, que afecta a casi todos los adultos con los que nos cruzamos cada mañana.

Solo existe un espacio para mejorar nuestra manera de vivir: el presente. Se trata de una experiencia que debería ser sencilla pero que a veces nos parece muy complicada, ya que hemos dejado de ser y sentirnos como ese niño, esa esencia que fluía y disfrutaba del mundo sin traumas ni demasiadas intenciones futuras.

Vivir aquí y ahora es hacer más de lo que nos gusta, intentando disfrutar de cada momento. Haciendo el mejor uso del pasado para comprender nuestras necesidades sin miedo a equivocarnos, teniendo siempre en cuenta nuestros objetivos y acercándonos a ellos, pero entendiendo que lo importante del viaje no es llegar a ningún destino, sino el viaje en sí, conseguir disfrutar de cada momento vivido con todos nuestros sentidos. Si aprendemos a hacerlo atrayendo a nuestras vidas experiencias, situaciones o aficiones que nos hagan sentir en plenitud, el dolor dejará de tener sentido, ya que no le haremos caso. ¿O es que sentías ansiedad o pena cuando veías aquella película, jugabas aquel partido o disfrutabas del amor, del sexo o de una buena conversación?

Como habrás comprendido tras responder a estas preguntas, enfocarnos en el ahora nos aleja del dolor, la más importante y efectiva técnica de distracción para combatir el sufrimiento.

LO QUE DICE LA CIENCIA

Son muchos los estudios que revelan la importancia vital de estar más presentes, demostrando que focalizar la atención de nuestros sentidos en el ahora, interrumpe el bucle, muchas veces enfermizo, de nuestros pensamientos.

El mindfulness, que seguramente es la técnica más eficiente para gestionar los problemas derivados del estrés, es una práctica milenaria que tiene como base el centrarnos en el presente, con plena atención y aceptando la realidad tal cual es.

La biología y la neurociencia han demostrado que practicar este tipo de ejercicios nos cambia por dentro, cambiando también el modo en que nos relacionamos con nuestro entorno. Tareas sencillas y placenteras como centrar la atención en las cosas que suceden en el presente y nos agradan, como la sonrisa de un ser querido, una comida o el atardecer que asoma por la ventana, pueden ayudarnos a desarrollar una mentalidad mucho más positiva, consiguiendo seguridad y calma, y afrontando mejor los problemas.

Matt Killingsworth, investigador de la Universidad de Harvard, con su aplicación Track Your Happiness ('rastrea tu felicidad'), y gracias a la información obtenida a partir de miles de personas de diferentes países, culturas y religiones, consiguió evaluar distintas situaciones y descubrió que la mayor felicidad en las personas ocurría cuando estaban inmersas en una actividad, disfrutando del momento. Por el contrario, las actividades relacionadas con el hecho de divagar sobre otros tiempos distintos al presente, eran las que más infelicidad generaban.

Y todo parece deberse a que estar más atentos, ser más presentes y evadirnos del parloteo mental cambia la forma del cerebro y afecta positivamente a nuestro equilibrio. A nivel físico, los más importantes beneficios demostrados por la ciencia aseguran que:

- Ser más presentes fortalece el sistema inmunológico, haciéndonos más resistentes a la enfermedad.
- Se ralentiza el envejecimiento celular, aumentando el bienestar psicológico y disminuyendo el estrés.
- Nos hace más tolerantes al dolor, al percibirlo menos. Si nos enfocamos en vivir, quitamos el foco de nuestro sufrimiento. Por ello, ante la preocupación no hay nada mejor que ocuparnos en disfrutar.

Muchas han sido —y seguramente seguirán siendo— las ocasiones en que he tenido que vérmelas con el dolor. Puede que en buena parte se deba a mi forma de ser, a esa «ansiedad rasgo» que me caracteriza o al haber nacido con una sensibilidad —para algunas cosas— algo excesiva, pero siempre que me ha tocado sufrir, se ha repetido la misma situación: he dejado de vivir en el presente. Es más, siempre que sufría, lo hacía en un tiempo distinto al presente.

Existen situaciones demasiado complicadas como para que sea sencillo conseguirlo, pero con el tiempo todo conduce a lo mismo, a esa necesidad de volver al único tiempo en el que, apreciando de otra manera la vida, nos valoraremos de un modo más positivo y haremos lo mismo con nuestras circunstancias.

Al igual que existen realidades que requieren un tiempo para adaptarnos, aprender o dejar ir lo que ya no nos corresponde, en muchísimas ocasiones nos convertimos en nuestro peor enemigo, manteniendo dolores inútiles y sin sentido y haciéndonos mucho más daño del que deberíamos.

En mi caso, tal vez el mejor ejemplo de ello se produjo cuando tuve que afrontar una ruptura «amorosa». Ante ese tipo de pérdidas, la mente tiende a mantenerse en el pasado, buscando y rebuscando posibilidades de reconciliación, motivos o causas, ilusiones, proyectos e incluso posibles traiciones... Un masoquismo continuo que suele empezar al abrir los ojos cada nuevo día, hasta que tras infinitas vueltas en la cama, consigues cerrarlos. Un presente que parece tener menos sentido sin esa persona, un ahora en el que sientes que todo tiempo pasado ha sido mejor, hasta el punto de creer —iluso de mí— que jamás podrás vivir algo tan fantástico como lo ya vivido.

Solían pasar meses hasta que conseguía recuperarme, ya que creía que mantener aquel pasado, recordarlo y martirizarme era la mejor muestra de amor que existía, un amor que —otra vez iluso de mí— solía considerar mágico.

Pero no fue tanto cuestión de tiempo como de mi actitud y mis cambios para recuperar la responsabilidad y volver a disfrutar de la vida. Acciones como el deporte, más sonrisas, salidas con los amigos, fiestas con la familia, nuevos abrazos, buenos consejos, escuchar más y mejor, observar cada amanecer con nuevos ojos y, en definitiva, disfrutar y amar la vida de un modo menos egoísta y dependiente me llevó a descubrir poco a poco fantásticas oportunidades en cada nuevo día. De este modo, tomé conciencia de que ese presente que ahora tenía ante mí, y del que disfrutaba de una manera tan intensa, merecía muchísimo más la pena.

En el caso del trastorno de ansiedad, en lugar de vivir en el pasado, vivimos asustados por lo que pueda ocurrir. Sufrimos una patología, por lo que en parte hemos perdido algo de control sobre nuestras emociones y sensaciones, y también sobre el buen uso de la razón; y lo mismo pasa con la depresión, por lo que no es tan sencillo como, simplemente, darse cuenta del fallo.

En estos casos habrá que trabajar mucho en nosotros, volver a sentirnos responsables, hasta recuperar poco a poco el control. El camino pasará por recuperar valores, adoptar herramientas y virtudes, comprender y aceptar la situación, e ir siendo más consciente de nuestra primera necesidad, la de volver al presente, sintiéndolo de un modo más oportuno y feliz, queriéndonos mejor y apreciando de otra manera también el dolor.

ACCIÓN

Existen muchísimas formas de conectar con el ahora y ser más conscientes de nuestra realidad. Para conseguirlo debemos poner toda nuestra intención en ese tiempo y en ese espacio que hay aquí y ahora.

Será complicado pero no imposible, y así como existen elementos que nos desconectan de la vida, hay otros, como la naturaleza, el silencio, la paz o las propias pasiones, que consiguen lo contrario.

Acción: Vive el presente

• **Disfruta de la naturaleza:** Puedes observar un amanecer o las nubes desde la ventana, acercarte al bosque, la playa o la montaña. Una vez que estés en uno de estos lugares, respira y siente cómo el aire es más puro. Aprovecha para escuchar el silencio, el sonido de las olas o el canto de los pájaros. Toca y percibe la textura de la realidad ante tus ojos. Reconoce con todos tus sentidos la maravilla de todo cuanto te rodea.

- **Descubre cosas nuevas en la monotonía:** Cuando puedas, toma un camino distinto para realizar las tareas cotidianas. Puedes procurar salir diez minutos antes para ir al trabajo o donde tengas que ir, y elegir una ruta distinta. Un cambio tan pequeño como este te ayudará a descubrir cosas nuevas e implicarte activamente en ellas. Cuando lo hagas, intenta mantener una mente de principiante, como cuando eras niño, y saborea tu presente.
- **Presta más atención:** Comprométete a disfrutar cada día con algo más de atención. Puedes elegir acciones cotidianas como ducharte, limpiar los platos o comer. O, mejor aún, intentar evadirte con algo que te lleve a concentrar toda tu atención, como puede ser pintar, aprender una receta nueva o dibujar mandalas. Cuando lo hagas, olvídate de lo que piensas y pon atención en lo que haces y sientes. Cuanto más consciente seas de tu presente, más pronto dejarás de vivir de un modo automático.

REACCIÓN

Es imposible superar la ansiedad u otro trastorno si no reseteamos la preocupación o la emoción que invade nuestra mente, es imposible cambiar la espiral negativa del pensamiento si no sabemos pararla, y para conseguirlo hay que hacerlo aquí y ahora.

Muchas veces, en lugar de centrarnos en las acciones que pueden ayudarnos a desconectar del dolor, hacemos lo contrario, manteniéndonos en una forma de vivir automática, sin orden ni sentido. Mantenemos así el estrés, aumentando las obligaciones o las necesidades sin pararnos a pensar en aquello que podríamos ir soltando, pensando en el futuro y evitando lo único que podrá devolvernos la alegría, que es disfrutarlas ahora.

Ha llegado el momento de evitar conectar con el trabajo, el mundo virtual del móvil o las alarmantes noticias, para conectar contigo. Ha llegado la hora de disfrutar de unas vacaciones con el único objetivo de relajarte y sentirte vivo, en lugar de pensar en el bronceado que lucirás al volver a la oficina.

Reacción: Vive el presente

- **Enfócate en cosas positivas:** Hasta que consigas sentirte mejor, cambia esa rutina de leer o ver noticias a diario (la mayoría son tristes y negativas), por otra más positiva y productiva. Puedes leer frases motivadoras, subrayar o apuntar ideas de este u otro libro, o disfrutar de tu nuevo «Diario» de hábitos, reconociendo las actividades que hacen que te sientas mejor.
- **Camina descalzo:** Hazlo conscientemente. Bastará con que des unos pocos pasos, sin zapatos ni calcetines, pisando el suelo. Concéntrate en notar el suelo, en su dureza y textura, en su temperatura. Camina despacio, para que el cerebro vaya registrando y sintiendo esas sensaciones que alejen la preocupación de tu

mente y te centran en el momento presente. Si puedes hacerlo en la orilla del mar, en la arena o en la montaña, mucho mejor, ya que en este entorno podrás disfrutar con todos tus sentidos.

- **Apasiónate ahora:** Para cortar con la ansiedad de raíz, no hay mejor remedio que distraerse con amor. Por ello, practica alguna de tus más importantes pasiones una vez por semana, verás como haciéndolo y centrándote en el ahora, tus síntomas desaparecen de tu vida.

PRACTICA LA VIDA LENTA

> Camina lento, no te apresures, que el único lugar adonde tienes que llegar es a ti mismo.
>
> ORTEGA Y GASSET

Por desgracia, vivimos en una época frenética y sin demasiado sentido, un espacio en el que se da importancia a vivir corriendo e incluso a disfrutar de las cosas en movimiento. Pero si queremos ser realmente felices, nos tocará aprender a saborear la vida y sus momentos, aprender a parar para reconocer qué necesitamos y cuánto de ese peso que llevamos en la mochila de la vida ya no nos sirve y lo debemos soltar, para poder disfrutar de cada paso más ligeros.

Si nos paramos a pensar en el estilo de vida que llevamos en la actualidad podríamos aceptar, y seguramente acertaríamos, que vivimos una vida frenética, una vida loca.

Desde hace tiempo, intento distanciarme un poco de esta locura leyendo menos noticias, viajando cuando me es posible, dándome más tiempo a mí mismo, o intentando no dejarme arrastrar por nuevas modas, como la del consumismo, que suelen llenarnos de cosas que la mayoría de las veces ni siquiera necesitamos.

Creo que el gran mal de este tiempo en que vivimos es que nadie se ha parado a pensar qué ganamos dejándonos arrastrar por un ritmo tan frenético. Son muchas las preguntas que podríamos plantearnos, como por ejemplo:

¿Por qué el ser humano no podría trabajar menos horas y disfrutar más de los hijos, la familia y los amigos? ¿Qué necesidad hay de producir más rápidamente o de pensar solo en términos de aumento de beneficios año tras año, en una carrera sin fin? ¿Adónde nos lleva estar siempre haciendo cosas sin plantearnos siquiera el porqué de ese no parar? ¿Nos damos cuenta del impacto que este sinsentido tiene en nuestro planeta?

Las numerosísimas necesidades de hoy en día, muchas de las cuales ni son ni eran necesarias hace poco, obligan a que muchísimos niños y niñas sean educados por sus abuelos en lugar de por sus padres, que las personas se desvivan por pagar la hipoteca de un piso que termina en incontables ocasiones en manos del banco, o que este estilo de vida abusivo de Occidente deje sin agua ni recursos a miles de millones de personas en Oriente. Y todo ¿para qué? Para que unos sufran por el hambre y la pobreza mientras otros lo hacen de ansiedad o depresión, por culpa de este enfermizo modo en que vivimos.

Queremos más y más, y cuando llega el momento de alcanzar un objetivo, entendemos que debemos buscar otro nuevo, sin pararnos siquiera a disfrutar de lo que hemos conseguido. Vivimos en épocas de crisis económicas, pero los centros comerciales y los restaurantes están llenos a rebosar de personas que sacian sus vacíos comprando cosas, dándose cuenta después de que en lugar de ser más felices, consiguen todo lo contrario. Pensamos rápido, hacemos las cosas rápido y, por desgracia también, nos empeñamos en disfrutarlas lo más rápidamente posible.

Queremos tener más, disfrutar, saber y vivir más, pero con la máxima rapidez que sea posible, y en cuanto lo consigamos, necesitaremos más. ¿Nos hemos parado a pensar en este sinsentido? ¿Es esta realmente la vida que soñamos para nosotros o nuestros seres queridos? Las enfermedades tienen siempre una causa, y, seguramente, detrás de la mayoría de las que hoy padecemos, está este modo enfermizo en que vivimos. Descuidamos el entorno y aparecen enfermedades como el cáncer, descuidamos nuestro estilo de vida y aparecen patologías como la ansiedad o la depresión. Este ritmo vertiginoso acaba consumiéndonos desde dentro y nos provoca malestar, generando un nivel de estrés que puede resultar letal si no le ponemos freno.

Por fortuna, existen personas que se han dado cuenta de todo esto, humanos que han decidido pararse a pensar y han reconocido que, para disfrutar de una experiencia más plena y sincera, tenemos que cambiar las prisas por la calma. Así nació una fantástica filosofía que creo que todos deberíamos aprender y poner en práctica, la conocida como *slow life* o vida lenta.

Para conocer los orígenes de este nuevo estilo de vida, debemos comenzar por descubrir los de ese otro estilo de vida mucho más común hoy en día, la *fast life* o vida rápida. En esta carrera sin fin, hace años nació uno de sus primeros ejemplos, el de la comida rápida de los hermanos McDonald, que consiguieron convertir un humilde restaurante de barrio en el líder mundial de este estilo de comida intentando responder a las necesidades de su país. Después de la Segunda Guerra Mundial, los estadounidenses tenían el sentimiento de haber luchado y ganado, y de merecer por ello darse a la buena vida, una vida que para ellos era buena si se obtenía lo que se quiere y cuando se quiere. Persiguiendo este objetivo los McDonald consiguieron acelerar el servicio de comida, introduciendo el concepto de *self service* o sírvete tú mismo. Cuando el negocio creció y la cadena McDonald's decidió implantarse en Roma, alguien decidió decir «basta» en un intento por girar la rueda en sentido contrario.

En 1986 esta cadena de hamburguesas decidió instalarse cerca de la piazza di Spagna, uno de los lugares más famosos y concurridos de la Ciudad Eterna, y a un italiano llamado Carlo Petrini, amante de la cocina saludable y de las cosas bien hechas, esta idea no le gustó nada, por ello decidió inventar otro estilo de comida y vida radicalmente opuesto, al que llamó *slow food* o comida lenta.

Esta tendencia poco a poco empezó a ganar adeptos, hasta que hacia 1989 se transformó en un movimiento internacional que adoptaba nuevos conceptos como los de «ciudades lentas», «lectura lenta» e incluso —aunque pueda parecer extraño— «sexo lento». Conceptos que integran la llamada «vida lenta» o *slow life*, un modo de vivir más tranquilo que nos permite estar más atentos a nosotros mismos y a los demás, con el fin de tomarnos el tiempo suficiente para sentir la vida.

Practicar la vida lenta no significa hacerlo con desgana o indiferencia, sino todo lo contrario, ya que nos permite organizar mejor nuestras prioridades y acciones, disfrutando de otra manera del presente, un bálsamo para nuestro cuerpo y nuestra mente.

Podríamos comparar este modo rápido en que vivimos con una especie de carrera sin fin; una carrera, la de la vida, en la que llevamos a cuestas una mochila que rellenamos con dolor, culpa, frustración, metas, necesidades y ambiciones, y que, de seguir corriendo con ella, cada vez se hará más pesada y dolorosa. Por ello, la única manera de disfrutar el presente tiene que ver con parar, resetear y desacelerar la marcha. Aprender a estar con uno mismo para, en primer lugar, observar nuestra carga y liberarnos de todo lo que puede hacernos daño y no necesitamos, un peso que tal vez llevamos arrastrando inútilmente durante muchos años.

De esta manera, más ligeros, podremos disfrutar y pensar al mismo tiempo dónde queremos llegar y cuáles son nuestros motivos, los que nos pertenezcan exclusivamente a nosotros.

LO QUE DICE LA CIENCIA

Bajar el ritmo en que vivimos aporta numerosos beneficios para nuestra salud y nuestro bienestar. Implementando esta filosofía de vida podemos conseguir aliviar el dolor crónico, disolver el estrés y aumentar nuestra sensación de felicidad, entre muchas otras cosas.

Gracias a alguno de los recientes avances de la ciencia se ha podido demostrar que, por ejemplo, leer con tranquilidad puede ser una de las mejores medicinas para reducir el estrés.

Para llegar a esta conclusión, doctores de la Universidad de Sussex aceleraron el pulso cardíaco de algunas personas a partir del ejercicio físico. Después les hicieron leer, tomar té, escuchar música y jugar a algún videojuego y se dieron cuenta de que, entre todas estas opciones, la lectura lenta era la más eficaz a la hora de devolver el ritmo cardíaco al punto de partida del experimento, e incluso reducirlo en un increíble 68 por ciento.

LO QUE DICE LA EXPERIENCIA

Me siento tan identificado con esta necesidad de vivir más lentamente que soy un ejemplo perfecto de hasta dónde pueden llevarnos estos malos hábitos adquiridos con la vida rápida.

La experiencia me demostró que si no cambias tu rumbo y decides mantenerte en contra de lo que la vida quiere para ti, al final será ella quien te hará frenar de golpe, atrayendo problemas, duelos o trastornos como la ansiedad.

Darse un golpe tan fuerte hace que, tal vez por primera vez, decidas evaluar tu vida, ya que si no lo haces tu sufrimiento no tendrá fin. Por ello, un día me vi obligado a estudiar mi presente y cómo interactuaba con él, y a reconocer también cómo me trataba a mí mismo, para intentar mejorar. Todas esas necesidades y exigencias, unidas a la forma en que nos tratamos, a nuestro pasado personal y a cómo venimos «de fábrica», pueden detonar esas bombas biológicas que llevamos dentro, haciendo de nuestra vida un auténtico infierno. Una bomba que, si se activa, solo tiene un remedio para ser parada: calmarse para empezar a cambiar esta manera de vivir tan peligrosa.

Si alimentamos nuestro presente de tareas, miedos y exigencias, estaremos pisando el pedal del acelerador cada vez más intensamente, y llegaremos a un punto en que, literalmente, podemos explotar, una explosión emocional que implicará invertir mucho tiempo, dolor y lágrimas hasta poder curar sus heridas. Este camino, el de la vida, solo lo disfrutaremos si nos paramos a observarlo desde la calma, reduciendo la marcha, sin dejar que simplemente pase.

ACCIÓN

Antes de actuar deberías tomar conciencia de esta realidad, comprender que no intentarás ser más consciente porque lo acabas de leer o conoces sus beneficios, sino porque realmente sientes y reconoces todas esas cosas negativas que vivir con el piloto automático trae a tu vida.

- **Observa a las personas:** Cuando salgas a la calle, párate a observar al resto de los seres humanos con los que convives, intenta reconocer si realmente están conectados al mundo real, o a sus miedos y preocupaciones.
- **Reduce el uso del móvil:** Deja el teléfono en casa cuando no sea imprescindible, puedes empezar durante esos minutos que bajas a tomar el café o sacar la basura. Seguramente al principio te cueste hacerlo. Poco a

poco verás que el mundo no se acaba solo porque se te acumulen unos cuantos mensajes sin leer y que, cuanto menos uses el móvil, mejor te sentirás.

- **Haz una tarea a la vez:** Haz una tarea cada vez y disfruta de ella con todos tus sentidos. Recuerda y reconoce que lo importante en esta vida no está en llegar al destino, sino en disfrutar del viaje con todos los sentidos.

REACCIÓN

Creo que todos tenemos claro que los trastornos emocionales pueden y suelen generarse por el hecho de ir en contra de nosotros mismos y mantener hábitos que, lejos de ayudarnos, nos perjudican.

La ansiedad o la depresión se manifiesta en innumerables formas, y cualquier situación estresante, por pequeña que sea, será un impedimento para salir de este estado alterado en el que vives. Todos esos factores estresantes no harán otra cosa que pisar el pedal del acelerador que te mantiene desestabilizado.

Por ello, llega el momento de frenar, de realizar acciones que estimulen ese sistema nervioso parasimpático o «modo relajación», que te permitan apagar el botón de esa respuesta automática y desajustada, controlada por nuestras emociones.

- **Haz una lista de cosas a evitar:** En lugar de hacer una lista de tareas a realizar, haz lo contrario, enumera aquellas cosas, situaciones, elementos o personas que te sobran. Apúntalas y empieza a soltar poco a poco aquello que más te perturba y acelera. Ha llegado el momento de aprender a decir «no», posponer tareas y bajar el nivel de nuestras exigencias.

- **Aprovecha tus «tiempos muertos»:** Un buen modo de descubrir todos esos elementos que te han hecho llegar al punto donde ahora te encuentras es aprovechar tus «tiempos muertos» para desconectar de aquello que no seas tú y tu vida. Ese trayecto en metro de camino al trabajo, una visita al baño en busca de paz, una aburrida reunión, la ducha o una comida familiar pueden pasar de ser «instantes inútiles» a convertirse en las «mejores oportunidades para saborear la vida» y sentirte vivo. Cuando ocurran, deja todo a un lado, observa el mundo y obsérvate a ti. Date cuenta de cómo el ser humano está literalmente enganchado a un mundo virtual, de cómo descuida la vida, y siente el beneficio que realizar este tipo de acciones trae a tu vida y cómo reduce tu estrés y ansiedad.

- **Aficiónate a la calma:** Disfruta de alguna de esas aficiones que puedan aportarte tranquilidad, como pintar, escuchar música, hacer yoga, cocinar o caminar, y hazlo sin prisas. También puedes probar con la lectura lenta, saboreando historias, realidades y mundos mágicos, y disfruta de lo que sientes, en calma.

- **Ordena tu espacio, menos es mejor:** Una buena manera de relajar la mente y a la vez el cuerpo con el ejercicio puede ser ordenar tu casa, intentando ser consciente también de todo cuanto no necesitas y puedes ir soltando. La claridad y el espacio en la vida consiguen lo mismo en nuestra mente; por ello, libérate del estrés ordenando tu vida.

EMPRENDE NUEVOS CAMINOS

Locura es hacer siempre las mismas cosas
y esperar resultados diferentes.

ALBERT EINSTEIN

El duelo y la dificultad llegan a nuestra vida tras perío-
dos y experiencias difíciles de digerir, realidades con una
carga emocional tan fuerte que quedan grabadas en nues-
tra mente y crean conexiones neuronales que nos sumer-
gen en estados de tristeza y miedo. Períodos en que la ob-
sesión convierte nuestro presente en un infierno difícil de
soportar.

Por fortuna, del mismo modo que el trauma o el dolor
pueden rayar el disco de nuestra mente, también nuevas
ilusiones, necesidades o sueños pueden crear caminos en los
que disfrutar al sumergirnos. Podemos cambiar dolor por
gloria y miedo por ilusión, todo depende de cuándo empe-
cemos a crear estos nuevos caminos.

Como habrás podido observar, cuando vamos en contra de la vida, esta se encarga de mandarnos alguna que
otra señal para que nos demos cuenta de la situación, le
hagamos caso y cambiemos. Una verdad que no me he
cansado de repetirte, ya que nada va a cambiar si tú no
cambias, y es ante los problemas o dificultades cuando
más necesidad tenemos de llevar a cabo esos cambios que
nos permitan recuperar el bienestar.

Un símil que explica muy bien lo que trata este capítulo puedes encontrarlo en la naturaleza. Imagina que tus

pensamientos son el agua, y en la realidad de tu presente son varios y distintos los ríos por los que fluyen. Estos riachuelos podrían formarlos en mayor medida tus aficiones e intereses, aquello que inspira amor, pero también tus problemas e inquietudes. Pueden ser muchos, y cuanto mejor nivelados estén y mejor discurran, mejor. Pero en el momento en que llega un complicado duelo o una dificultad es cuando parece que todo empieza a cambiar. Cuanto más importante para tu realidad sea esa circunstancia vivida, más probabilidades hay de que todos esos ríos en los que fluye tu mente se desborden y vayan a parar a un nuevo gran surco creado por tus emociones, un gran río que mantiene la mayor parte de tu actividad mental enfocada ahí, hasta el punto de hacer de tu vida un auténtico infierno, con obsesiones, alarmas o fijaciones, complicadas de gestionar.

Esto ocurre con la depresión, las fuertes obsesiones o las grandes fobias, que hacen que la mayor parte de nuestros pensamientos y emociones se centren en todo aquello que tenga que ver con esos miedos o recuerdos, que parecen secuestrar nuestro presente.

Piénsalo bien y usa tus recuerdos particulares, ¿existe algún período de tu vida en el que tu mente parecía centrarse en exclusiva en ese amor o persona que ya no estaba junto a ti, en una enfermedad o preocupación?

Sufrir un duelo y tener que sortear ese gran río que contiene el sufrimiento es algo necesario, pero obsesionarse haciendo de la vida un infierno es algo totalmente opcional. Y no hay nada mejor que dedicarse a recuperar esas otras situaciones donde pueda fluir de nuevo tu mente, y si no las encuentras, crear otras nuevas. Si la tristeza te sumerge en un pozo sin fondo, reconócelo e intenta hacer cosas alegres aunque te cueste, y si se trata del miedo o la obsesión, obsesiónate si quieres, pero hazlo con todo lo que te pueda devolver seguridad y calma.

El cambio no solo es posible sino también necesario, pronto conocerás que ese dicho de que «yo soy así y nunca cambiaré» es algo parecido a seguir creyendo que la tierra es plana.

LO QUE DICE LA CIENCIA

El símil de los ríos de pensamientos es muy parecido a otro utilizado por la ciencia, el de los caminos o conexiones neuronales en los que las neuronas se pasan información entre ellas.

En cuanto a estos caminos, la ciencia se ha encargado de demostrar que se pueden alterar, un proceso que se conoce como «plasticidad cerebral», que es la capacidad del sistema nervioso de cambiar su estructura y funcionamiento como reacción a los cambios en el entorno. Esto supone también la posibilidad del cerebro de recuperarse y reestructurarse, y así reponerse ante trastornos o lesiones.

Esta neuroplasticidad permite a las neuronas regenerarse a la vez que se crean nuevas conexiones, y el modo de conseguirlo está en determinados cambios, como la adquisición de nuevos hábitos, la realización de nuevas actividades o la modificación de alguna de estas.

Cuando alguien disfruta de una nueva experiencia o aprendizaje, su cerebro establece conexiones neuronales, una especie de rutas para que se comuniquen. Estos caminos se crean en el cerebro mediante la práctica, de la misma manera que nace un río a través del fluir constante de agua sobre el terreno, y el modo de reforzar estos caminos, de hacer el surco más profundo y definido, es a partir de los hábitos.

Cada vez que se adquieren nuevos conocimientos —a través de la práctica continuada—, la comunicación entre las neuronas implicadas se ve reforzada. Esto es posible durante toda la vida, una realidad que permite que las neuronas encuentren caminos más eficientes por donde viajar, caminos provocados tanto por la experiencia como por una gran variedad de factores ambientales.

Por tanto, una persona con mayor «ansiedad rasgo» o con tendencia a sentirse deprimida, seguramente tiene ciertas conexiones más habilitadas para volver a sufrir este tipo de problemas, pero esto no quiere decir que tenga que padecerlos, ya que si nos habituamos a tratarnos de manera positiva, a generar caminos de ilusión y mantener esos hábitos en nuestra vida, si practicamos *El arte de cuidarte*, es seguro que no habrá nada que temer, ya que la neuroplasticidad permite que cambiemos percepciones o emociones que nos pueden hacer sufrir, por valores y situaciones que hagan que nos sintamos felices.

Existen experimentos muy famosos sobre esta neuroplasticidad. Uno de los más conocidos es el que realizó la doctora Eleanor Maguire con el cerebro de los taxistas de Londres, comprobando la capacidad que tenían de aumentar su hipocampo al tener que memorizar un callejero tan complejo. Los taxistas de esta ciudad deben superar una durísima prueba para obtener la licencia llamada «The Knowledge», que consiste en memorizar 25.000 calles y miles de lugares. Tras distintos estudios y pruebas sobre ellos, la doctora comprobó que quienes aprobaban este examen tenían el hipocampo —una zona del cerebro dedicada a la memoria— considerablemente más grande.

Esto demostró no solo que el cerebro se puede entrenar sino también modificar, sea cual sea nuestra edad.

El cerebro adquirirá nuevos conocimientos, y por lo tanto actualizará sus conexiones, si ese nuevo aprendizaje conlleva una mejora en el comportamiento. Por ello, tan importante o más que trabajar en el cambio es sentirlo, hacérselo reconocer a tu organismo para que ese nuevo camino quede impreso en tu memoria, más incluso que cualquier carga genética que ya exista en nosotros.

La práctica hace el hábito, y es el hábito lo que hace más fuertes estos caminos neuronales. Y como acabamos de ver, si el hábito es positivo, estas conexiones se reforzarán y pasarán a formar parte de nosotros del mismo modo que lo hacen nuestros genes.

LO QUE DICE LA EXPERIENCIA

Cicatrices que no sanan, heridas que nunca dejan de doler, cambios que son fruto del dolor, de la pérdida, de la enfermedad o del duelo, muchos son los ejemplos de esos caminos neuronales en los que la tristeza o el miedo causan cicatrices en el corazón o la mente, para toda la vida. Pero está en nuestras manos el hecho de que nos marquen negativamente o, por el contrario, nos potencien para mejorar nuestra existencia. La responsabilidad es nuestra, una responsabilidad que, por experiencia, sé que puedes utilizar en tu propio beneficio.

Sé que existen dolores muy complicados, algunos de ellos me han afectado directamente o han afectado a algún ser querido. Sé también que es necesario sufrir el duelo para aprender importantes lecciones, es preciso despedir en condiciones a alguien o reconocer los motivos por los que se ha marchado, y los cambios que conviene realizar.

No es necesario correr, pero sí comprender y recordar que siempre, sea cual sea el dolor, la vida merece la pena, y por ello tendremos también que luchar por encontrar esos nuevos caminos, esas nuevas ilusiones o metas, que cambien poco a poco el dolor por la alegría, el miedo por un amor renovado hacia la vida.

Esto es lo que me ha ocurrido a mí no en una, sino en muchas ocasiones...

Si una relación terminaba como no quería, la tristeza se apoderaba de mí hasta que, llegado el momento, decidía descubrir todas las cosas buenas que podía conseguir y que ahora solo dependían de mí. Si entre ellas había algunas que seguramente hubiera sido imposible realizar junto a aquella persona que ya no estaba, mejor todavía, ya que así conseguiría demostrarme muchas cosas, como la de que no existe nadie más importante en mi vida que yo mismo, o que mi realidad podía ser incluso mejor de lo que había sido hasta entonces. De este modo, nuevos caminos surgían en mi realidad y en mi cerebro, y del dolor pasaba a una alegría nueva y desconocida, secando por completo esos afluentes llenos de tristeza o miedo.

He sentido también un dolor más fuerte, el de la muerte de un ser querido, una realidad en la que he tenido que sufrir, recordar y mantener lecciones y vivencias de quien ya no estaba. Tal vez uno de los mejores caminos para afrontarlo y conseguir volver de nuevo al presente ha sido disfrutar de experiencias que había vivido esa persona y hacerlo junto a ella, aunque hubiera pasado ahora a vivir en mi memoria o en mi corazón.

Problemas como la ansiedad también me asaltaron por sorpresa, y me costó mucho entenderla y aceptarla, pero también reconocí que no había más posibilidades que descubrir mis motivos y tratarla. De esta manera comencé a atraer más de aquello que me devolvía la paz y la energía, nuevas experiencias con geniales lecciones y mejores hábitos. Nuevos caminos que intenté también mantener en mi vida al descubrir la cantidad de beneficios que comportaban, muchos de los cuales he intentado resumir en este libro.

Puedo asegurarte que buena parte de las mejores experiencias de mi vida, así como las más importantes herramientas y lecciones, han llegado desde el dolor. Esa necesidad por moldearme y adaptarme, con la intención de volver a sonreír, seguramente era el mayor impulso que podía encontrar para recuperar mi vida.

ACCIÓN

Cuanto más definidas tengas las conexiones de felicidad y positivismo en tu mente, más complicado será que el dolor pueda ganar la batalla, es por eso que cultivar herramientas saludables como estas puede ser tu mejor opción para mantener a raya al sufrimiento.

Para potenciar esa plasticidad neuronal, las siguientes acciones están orientadas a realizar pequeños cambios en tu día a día, y conseguir así que tus neuronas sean más ágiles y estén más predispuestas al cambio, haciendo de ti alguien más capaz también para afrontar la adversidad.

- **Descubre nuevos caminos:** Intenta encontrar nuevas rutas para ir al trabajo o al supermercado o también al volver. Busca tus actividades cotidianas más comunes y elige cuándo poner en práctica esta tarea, haz que tu cerebro se acostumbre al cambio.
- **El reto de 21 días:** La ciencia ha estimado que 21 días son suficientes para crear un hábito, por todo ello, elige la acción de la sección «Habilidades» que más energía y alegría te aporte y prueba a realizarla durante este período. Si lo consigues, apúntalo y celébralo por todo lo alto.
- **Aliméntate del cambio:** Prueba una nueva comida, un nuevo sabor, un nuevo tipo de libro o de película, aunque creas que no va a gustarte. Encuentra algo que no hayas hecho antes y hazlo. Puede ser cualquier cosa: desde practicar una nueva afición hasta conocer a gen-

te nueva o probar un nuevo modo de vestir o peinarte. Ponlo en práctica durante las siguientes semanas y anota cómo te vas sintiendo con todos estos nuevos cambios en tu «Diario». ¿Te gusta esta nueva versión en que te estás convirtiendo?

Reacción

Como veíamos más arriba y seguramente reconozcas si estás poniendo en práctica las habilidades de este libro, todo problema puede convertirse en una oportunidad para mejorar tu vida.

Si te ha tocado sufrir el trastorno de ansiedad, es muy probable que tú también tengas el poder de transformarte, y debido a la potencia y constancia de tus complicados síntomas, las oportunidades que descubras pueden ser maravillosas. No existe una mejor reacción a la preocupación que ocuparnos de mover ese flujo de pensamientos negativos hacia otros más positivos y agradables.

Reacción: Nuevas oportunidades

- **Obsesiónate si quieres, pero con cosas positivas:** Si tu preocupación es tan fuerte como para derivar en una obsesión, si te sirve, prueba a buscar un elemento positivo en el que obsesionarte. Descubre tu sueño o proyecto, y sumérgete de lleno en él. Profundiza y reconoce que tu mente crea un nuevo camino de ilusión, pasando de la preocupación a esta nueva y agradable ocupación. Si te cuesta reconocer esa meta, busca virtudes que te gustaría potenciar y cambia miedos por valores.

- **Disfruta de nuevas experiencias:** Si puedes y te gusta, viaja más. Hacerlo estimula la mente, nos pone en contacto con nuevas culturas, y enfoca nuestra atención alejándola de las preocupaciones. Siempre que te sea posible, no dudes en visitar rincones desconocidos. Puedes también realizar excursiones cercanas o regalarte un fin de semana en una casa rural, e incluso puedes viajar desde tu sofá sumergiéndote en libros o documentales o visitando misteriosos rincones en tu ciudad.

- **Escucha música:** La música es un estímulo muy potente y positivo para nuestro cerebro y estado de ánimo, una actividad que mejora la capacidad de aprender y memorizar, y produce muchas de esas hormonas de la felicidad que puedes necesitar. Por eso, no lo dudes más y organiza una buena selección de tu música motivadora o relajante, y sigue disfrutando de este cambio que se está dando en ti, haciéndolo ganarás en actitud, esa fuerza con el poder de cambiarlo todo.

- **Aprende cosas nuevas:** Puedes probar con el bricolaje, la pintura, la escritura o un instrumento musical. Busca aquello que cambie la preocupación por una nueva ilusión y ponte con ello. No importa si no eres bueno, lo importante es que te diviertas y tu mente empiece a centrarse en nuevos retos con ilusión.

ACTITUD

Cree en el cambio, hazlo posible

La vida es fascinante, solo hay que mirarla a través de las gafas correctas.

ALEJANDRO DUMAS

Estoy seguro de que si has empezado a practicar con lo aprendido, una vez que has llegado a estas líneas ya habrás podido apreciar algún cambio. De haberlo hecho, únicamente te falta cultivar estas acciones hasta convertirlas en hábitos. Para ello, ¿qué mejor apoyo que mantener esa fuerza que te ayudará a sobreponerte a la apatía, la tristeza o la frustración?

En esta sección intentaré hacerte apreciar el valor de la actitud, esa fuerza que todos llevamos dentro y es capaz de mover montañas si realmente lo creemos posible y trabajamos por conseguirlo.

Para que puedas utilizar este poder cuando lo necesites, te indicaré algunas de las mejores acciones para conseguirlo, a la vez que te muestro muchos de los beneficios que este arte de cuidarte va a traer a tu presente.

Solo existe una cura para el dolor: actuar

¡Ay, ay, cómo culpan los mortales a los dioses!, pues de nosotros, dicen, proceden los males. Pero también ellos por su estupidez soportan dolores más allá de lo que les corresponde.

HOMERO, *ODISEA*

Tanto tú como yo nos hemos lamentado en ocasiones de nuestra propia suerte, sintiéndonos seres insignificantes e inútiles ante el poder de nuestro destino, maldiciendo a la vida e incluso buscando que todo cambiase fuera, para poder sentirlo después dentro.

Reaccionar así es algo totalmente humano, son tantas las cosas que no controlamos, y tantas o más aquellas que escapan de nuestro entendimiento… Pero debería ser sencillo comprender que únicamente pensando, confiando en la fortuna, el universo o en cualquiera de los muchos «dioses» que podemos tener a nuestra disposición, las cosas nunca van a cambiar. Tal vez eso sea madurar, es decir, reconocer que nadie cambiará nuestra realidad si no lo hacemos nosotros.

Han sido muchas las situaciones vividas que me han demostrado que casi siempre son los malos momentos los que traen consigo las mejores lecciones. Lecciones que hacen comprender que es nuestro deber levantarnos, luchar —aunque a veces pueda costar mucho—, observar la vida con otros ojos y actuar hasta superar las dificultades o aceptar que, cuando en esta vida no se gana, al menos se aprende.

Para llegar a cualquier meta siempre será necesario dar un primer paso, ya que jamás avanzaremos lo más mínimo si solo nos lamentamos.

Muchas veces he buscado una solución utilizando exclusivamente la razón. También en demasiadas ocasiones pensé que el paso del tiempo cambiaría las cosas por mí; en otras, ante fenómenos realmente trágicos, confié en el universo, el karma o un ser querido. Pero ¿sabes qué sucedió en todas estas ocasiones?

Como podrás imaginar si piensas en tu propia experiencia, en ninguno de esos casos cambió nada, y si alguna vez lo hizo no fue en el modo, el tiempo o las circunstancias que yo necesitaba. Esperar que esto suceda sería parecido a intentar mover un objeto a nuestro alrededor utilizando el poder de la mente, la fe o cualquier otra energía, podemos intentarlo pero ¿no es evidente que será imposible lograrlo?

La única manera de alterar la realidad es actuando, acercándonos a ella y cambiándola.

Somos muchas las personas que confiamos en el poder de nuestra mente o la fuerza de nuestros pensamientos, y que hemos llegado incluso a confundir la máxima de «creer es crear» con la idea de que teniendo fe las cosas cambiarán, algo que es totalmente imposible. Es imposible porque «creer» es solo el primer paso para poder «crear», tal vez el más importante, pero hacen falta muchos otros factores.

Podemos ser muy racionales e incluso confundir el poder del positivismo y pensar que basta con mantener una serie de pensamientos para que el trabajo se haga solo. Otras veces nos concentramos en buscar con la razón la solución al problema —algo bastante común en personas con ansiedad—, rumiando ideas sin orden ni sentido, sin darnos cuenta de que para escalar una montaña jamás podremos lograrlo expresando el deseo mágico de llegar a la cima de un salto.

Es importante ser conscientes de que, más que buscar la solución por medio de la razón, debemos trabajar en conseguirlo, acercarnos con ilusión a nuestra meta con cada nuevo paso.

He observado que son incontables las personas que se lamentan de su mala suerte, y dejan la solución en manos ajenas o creen que la culpa de sus males tiene origen en su madre, su vecino… Por desgracia, en ocasiones llevan esta idea a tal extremo que su vida jamás cambia, sino todo lo contrario. También suele ocurrir que deciden mantener ese tipo de creencias por miedo o dejadez, porque en el fondo piensan que vivir con estas ideas es bastante más fácil y cómodo que trabajar por cambiarlas.

Pero lo que realmente marcará la diferencia en la vida será el modo en que hagamos uso de nuestras capacidades, incluida la fe, para diseñar y acercarnos a nuestra propia felicidad. Podremos comprobar que haciendo las cosas bien, todos esos elementos que creemos que pueden estar detrás de nuestra fortuna se orientarán hacia el lado bueno de las cosas, y de este modo la suerte también lo hará.

Para demostrarte que es posible cambiar fácilmente tu realidad, puedes buscar un bolígrafo, cogerlo entre tus dedos y escribir en las primeras horas del «Diario» que encontrarás al final del libro: «Dejo de preocuparme, de recordar o esperar a que las cosas cambien, y decido actuar. Voy a trabajar en mí para conseguir hacer de mi realidad una historia más bonita».

Haciéndolo acabas de alterar tu suerte, has creado creyendo y sobre todo actuando, una nueva realidad, una intención y un deseo que antes no existían.

El valor de la actitud

Las cosas no se dicen, se hacen, porque al hacerlas se dicen solas.

WOODY ALLEN

La vida está llena de lecciones que pueden ayudarnos a encontrar esa necesidad que todo ser humano busca. Así le sucedió a Newton el día en que una manzana golpeó su cabeza mientras descansaba bajo un árbol, una anécdota que le provocó tal interés que le ayudó a creer y actuar, y después a crear las bases de la famosa ley de la gravedad, con todo lo que ello traería consigo.

Newton lo descubrió a partir de una manzana, tú y yo podemos encontrarlo en un libro, en una frase o reflexión, e incluso en otra manzana. Lo importante no es el elemento sino aquello que nos aporta, esa intención o interés que puede despertar en nosotros.

Y uno de esos mensajes interesantes para la vida, y más aún para la realidad junto al dolor o el desequilibrio, es el que un día descubrí mientras estudiaba y ponía en práctica algunas de estas herramientas para lidiar con los problemas. Se trata de una idea convertida en fórmula por su creador, Victor Küppers, un reconocido escritor, conferenciante y muchas cosas más, que ideó una fórmula para resumir el valor de las personas:

Valor = (Conocimientos + Habilidades) × Actitud

Como habrás podido observar, *El arte de cuidarte* utiliza esta fórmula, una idea que se puede aplicar también a la vida y a cualquier terapia o tratamiento.

Si nos ponemos a pensar en el modo en que elegimos a los amigos, a los familiares o los ejemplos a seguir, no nos basamos únicamente en sus conocimientos o habilidades, lo que realmente marca la diferencia es su actitud. Lo mismo sucede cuando trabajamos en hacer realidad un objetivo, de nada sirve contar con información y herramientas para, por ejemplo, ponernos a dieta si al final no trabajamos en ello con constancia y disciplina hasta conseguirlo. A mayor voluntad, seguramente más práctica, éxito y beneficios podremos alcanzar.

El valor puede resumirse en esa suma de conocimientos y habilidades, donde la actitud multiplica el potencial de éxito. Si trasladamos esta fórmula al tratamiento de la ansiedad, de la depresión o cualquier otro problema emocional, podemos entender que será el modo en que afrontemos la dificultad el factor que marcará la diferencia. Es fundamental comprender la situación y disponer de las herramientas precisas, pero si no las ponemos en práctica y actuamos con disciplina, hacerlo no servirá de nada.

Conocimiento

Para superar cualquier problema es indispensable empezar por comprenderlo. Podemos ayudarnos de libros, cursos, profesionales y terapeutas, ideas o frases que puedan hacernos entender mejor la situación y el modo de tratarla.

Si queremos conseguir buenos resultados es muy importante que la información sea precisa, útil y adecuada, ya que es muy peligroso hacer de médico de uno mismo o utilizar información errónea que, lejos de ayudarnos, aumente la gravedad del problema.

Habilidades

También podemos estar muy informados sobre algo, pero si no entendemos cómo ponerlo en práctica, de nada va a servirnos todo este aprendizaje.

El conocimiento muestra el camino, cuáles pueden ser los pasos y las etapas, así como las trampas y las dificultades. Partiendo de él tendremos que trabajar, crear e ir definiendo las que serán nuestras herramientas.

¿Cuántos de nosotros estamos perfectamente formados en muchos temas, disponemos de las herramientas y capacidades, pero debido a nuestra falta de autoestima, a miedos o inseguridades, ni siquiera nos atrevemos a intentarlo?

Podemos hacer memoria y descubrir que ante cualquier experiencia, si existió un factor que un día lo cambió todo, fue por nuestra voluntad.

Quizá la apatía, la pena o el miedo bloqueen tu realidad y te impidan levantarte de la cama y dar ese primer paso. Puedes tomar conciencia de que tal vez no te falta nada y sabes que el simple ejercicio podría ayudarte a sentirte mejor, tienes el conocimiento y la habilidad pero te cuesta actuar...

Tu actitud es esa manera activa y positiva de ser y estar dispuesto a comportarte y reaccionar, esa energía que puede mover montañas, si realmente lo crees posible.

Mandela, Gandhi, Buda o Jesucristo representan algunos de los mejores ejemplos para demostrar esta teoría. Seguramente todos tenían muy buenos conocimientos y desarrollaban cada vez mejores habilidades para enfrentarse a la vida, pero su verdadero valor no eran tanto sus capacidades como su postura ante la existencia.

Cuando a Mandela le aseguraron que pasaría el resto de sus días en una celda de poco más de un metro cuadrado, en lugar de derrumbarse y dejarse llevar por la amargura, decidió creer en sus posibilidades hasta conseguir convertir su sueño en realidad, liberándose a sí mismo y después a su pueblo, un sueño en el que seguramente nadie más que él en todo el mundo hubiera confiado. La misma voluntad llevó a Gandhi a convertirse en un ejemplo en todo el planeta, al hacer real ese antiguo dicho de la Biblia que cambiaba la idea del «ojo por ojo» frente a los enemigos, por el de «poner la otra mejilla», consiguiendo así la Independencia de la India.

Como ya sabes, en los trastornos emocionales un mal funcionamiento nos ha llevado a vivir de una manera muy angustiosa y complicada, en la que no bastará con usar la razón o trabajar unos cuantos días para conseguir superarla. Probablemente necesitaremos meses e incluso quizá años, un período de tiempo en el que será nuestra postura la que nos mantenga fuertes, ayudándonos a aceptar esa necesidad de seguir dando nuevos pasos, aunque convivamos con el dolor y tengamos que seguir sufriendo.

No hay que engañarse, si sufrimos, la dificultad hará que nos sintamos confusos, preocupados y tristes. Daremos pasos al frente, pero también caminaremos hacia atrás e incluso nos caeremos al suelo. Y cuando esto ocurra tendremos que sacar a relucir nuestro valor, esa mentalidad positiva, necesaria no solo cuando las cosas salen bien, sino cuando sucede lo contrario.

Cuidarte supone sobreponerte, reconocer tus mejores herramientas para usarlas cuando lo necesites. Un buen modo de conseguirlo, de mantener y alimentar tu actitud, es reconocer tu valor cada vez que te levantas. Te estás convirtiendo en alguien más fuerte y capaz, y sentirlo así te ayudará a mantener este poder contigo, a mejorar tu autoestima, para no empezar a actuar hoy y abandonar mañana.

Para ayudarte a reconocer que ese vaso de la vida con el que despiertas a diario está siempre medio lleno, puedes poner en práctica acciones como estas:

- **Quiérete y cuídate bien:** Muchas veces no nos damos cuenta, pero nuestro mayor saboteador o enemigo solemos ser nosotros mismos. Por ello, permanece atento a tu voz interior y, si notas que te sabotea, cámbiala. Baja el volumen a esa voz negativa y autocrítica y sube el tono a esa otra más comprensiva y afectiva cuando lo necesites. Trabaja en darte más y mejor amor, y ganarás en confianza.
- **Escucha tu dolor, identifica los motivos de tu infelicidad:** ¿Te has levantado triste y no entiendes por qué? ¿Estás cabreado por un problema con un familiar o un amigo que no has solucionado? No siempre es sencillo descubrirlo pero siempre existe una causa para la tristeza, el miedo o la frustración, por ello enfócate en encontrarla y anótala. Aprende después a fluir con tus emociones mediante alguna de las técnicas que has aprendido y verás como aceptando lo que sientes te encuentras mucho mejor.

- **Crea objetivos realistas y positivos:** Es el mejor momento para crear intenciones que te ayuden a afrontar la vida de otra manera, metas que te acerquen a conseguir lo que deseas y eres capaz de llevar a cabo. Reconoce que tú no eres tu miedo, tristeza o ira, esos son tus frenos. Eres tus sueños e ideales, y aceptarlo te ayudará a evitar la apatía que puedes sentir, e ir más allá. Para mantenerte activo, apunta algunos de tus objetivos, sé realista y ve poco a poco, divídelos en metas más pequeñas y comienza por crear hábitos sencillos. Recuerda que no debes demostrar nada a nadie sino a ti mismo, por ello no corras ni te exijas, solo haz y disfruta mientras lo haces.

Uno de tus principales retos ahora podría ser trabajar en este arte de cuidarte e ir descubriendo tus mejores herramientas.

- **Descubre la oportunidad que esconde todo problema:** La vida me ha demostrado que no existe mejor remedio para tratar con el duelo que descubrir la parte positiva que en él se esconde, una realidad que puede trasladarse a cualquier situación que tenga solución. En mi caso, afrontar y superar el trastorno de ansiedad me ayudó a mejorar mi presente y crear mi primer libro, con el fin de ayudar a personas que tenían un problema parecido al mío.

A partir de entonces, siempre que un duelo se asoma a mi realidad, intento prestar atención para comprender qué cosas buenas puedo extraer de él. Si te ha tocado sufrir, no lo dudes, busca el modo de darle la vuelta y estudia qué puedes sacar de todo ello, piensa que el dolor puede hacerte más fuerte, más sabio, e incluso ayudarte a hacer reales tus sueños y mejorar como persona.

- **Prémiate, practica el refuerzo positivo:** Premiarte por el trabajo bien hecho favorece que sigas llevándolo a cabo, una realidad que los psicólogos y educadores llaman «refuerzo positivo». Por ello, regálate cosas que te hagan reconocer tu fortaleza, premios que sean más para los sentidos que de tipo material, como disfrutar de un paseo, de una película en el cine, de un buen helado o unas merecidas vacaciones.

Para ayudarte a mantener tu actitud, en el «Diario» que encontrarás al final de este libro podrás anotar los premios que te regalas, apuntar retos, dividir tus metas y trabajar en estas herramientas que te harán más feliz. Se trata de un manera sencilla y divertida de ocuparte mejor de tu bienestar.

Los beneficios que cuidarte traerá a tu vida

Si has empezado a actuar, habrás notado los efectos de tu cambio y, lo que es mejor, estarás adoptando actitudes en forma de herramientas que te ayudarán a desenvolverte mejor ante la vida y las dificultades. Si aún no las tienes todas contigo, te animo a seguir practicando, ya que no hay nada más importante que disfrutar del presente, y es imposible hacerlo bien si funcionas mal por dentro.

Aceptar que los problemas llegan a tu vida con un mensaje te ayudará a ser más positivo. Actuando te darás cuenta de que enfrentarte con el dolor te acerca al camino, mientras que hacerte responsable de tu bienestar te mete de lleno dentro.

Todo en esta vida depende del modo en que decidas observarlo, y en el caso del sufrimiento, el mejor modo de hacerlo es darse cuenta de esa oportunidad que puede esconder. Por ello, para ayudarte a que aprecies muchos de los beneficios que *El arte de cuidarte* va a traer a tu vida, te voy a contar algunos de los que ha traído a la mía:

- **Cuidándote puedes vivir más y mejor.** Tratarse bien aporta energía y claridad mental y previene las enfermedades, factores que nos ayudan a ser más longevos y felices.
- En ese estado óptimo, **soportas mejor el dolor y las situaciones complicadas.** Si aprendes a mantener activamente ese equilibrio entre cuerpo, mente y ambiente, dejas de temer a la vida, ya que sabes que dispones de todo lo necesario para afrontarla.
- **Aprendes a apreciar lo que tienes de otra manera.** Descubres cómo dar y recibir amor, y también cómo cuidar tu mundo con más atención. El arte de vivir trata más de saber apreciar lo que tienes, que de ir buscando más cosas sin necesidad ni sentido.

- **Ayudas también a que tus seres queridos aprecien la importancia de cuidarse,** ellos son un elemento fundamental en tu felicidad, y tú en la suya.
- **Sintiéndote fuerte y seguro, entiendes que no debes temer pero sí tener respeto.** Nadie está por encima de la propia evolución, por ello es muy peligroso jugar con drogas, emociones fuertes, descuidarse o descuidar nuestro entorno.
- **Comprendes que eres el responsable directo de tu situación.** Este modo de actuar te ayuda a aceptar la causalidad, a entender que aquello que vivimos es un efecto fruto de una o varias acciones de nuestro pasado, experiencias que nos conviene apreciar y también cuidar.
- **Descubres que tú eres tu mejor medicina.** El deporte, la buena alimentación, la meditación o activar nuestro particular «modo relajación» son algunas de esas píldoras del bienestar que podemos atraer activamente a nuestra vida.
- Y, sobre todo, **aprendes a conocerte mejor tanto física como mentalmente, ganando en autoestima y confiando en poder hacer realidad muchos de tus sueños.** Sintiéndote más fuerte y seguro, te atreves a embarcarte en realidades que seguramente antes de aprender a cuidarte y funcionar en ese estado óptimo no hubieras creído posibles.

Practicando *El arte de cuidarte* descubrirás que te has convertido en alguien que se valora y se quiere más, una persona con más recursos y capacidades, que podrás utilizar ante cualquier factor, enfermedad o dificultad que debas afrontar. Con cada nuevo paso irás tomando conciencia de que vives mejor, te conoces y sientes mejor, y das un sentido más importante a tu vida, tu mundo y tus acciones. Podrás darte cuenta de que tú eres el principal protagonista de esta bonita historia que, si quieres, puede ser tu vida.

Una obra de arte
en la que el artista eres tú

Soy un artista del vivir; mi obra de arte es
mi vida.

SUZUKI

Entendida de la manera justa, la vida bien podría ser
un cuadro, una pintura que nace a partir de pinceladas
creadas por nuestras experiencias. Trazos que van for-
mándose con el discurrir de cada nuevo día, siendo el artista con su imaginación e ilusión quien tiene el poder de
crear todo tipo de realidades. Una obra que con la justa
intención puede ser maravillosa.

Puede costarte aceptar que en la obra de tu vida ese
artista eres tú, pero siempre has sido y serás, con tu voluntad e ilusión, ese ser que crea y moldea su realidad, dando

a luz a nuevos mundos, dando forma también a esa idea personal que tienes de la felicidad.

Como ya sabes, las dificultades pueden traer consigo grandes lecciones, un aprendizaje que te ayudará a mejorar tus habilidades y convertirte en mejor artista, sacando a la luz esa mejor versión que siempre te ha estado esperando. La obra de tu vida dependerá de tus propias pinceladas, una realidad con tantos colores como oportunidades sepas apreciar en el mundo, con formas más bonitas e intensas cuanto mayores sean tus sueños, tu amor propio y tus capacidades.

La misma experiencia te hará entender que jamás es como la pintan los demás ni como la tiñen las circunstancias, tu vida tiene más que ver con cómo decides colorearla. Ella te demostrará —cuanto antes mejor— que eres tú y no la fortuna quien tiene el poder de crear la realidad con la que siempre has soñado.

En estas páginas espero haberte ayudado a confiar en ti, a desarrollar esas herramientas que te ayuden a elegir trazos más mágicos, ideas de esperanza e ilusión, de bienestar y amor.

Sabiendo que todos tenemos fecha de caducidad, deberíamos aceptar que de nada sirve preocuparse en exceso, temer o amargarse la experiencia eternamente. En vez de eso, es mucho más sano y eficaz cuidar de uno mismo para confiar y atreverse a crear y recorrer esos caminos que llegan a nuestros sueños.

Haciéndolo, podrás darte cuenta de que muchas veces los límites solo están en tu cabeza, y que apreciándote y sintiéndote bien, cuentas con todo lo necesario.

El arte de cuidarte es una muestra de cuanto te estoy contando. Es un sueño convertido en realidad. Es una parte de mi obra personal, en la que distintas pinceladas en forma de palabras, ideas y experiencias han hecho realidad una ilusión que antes no existía y ahora tienes entre tus manos.

Recuerda siempre la importancia de cultivar tu alegría, y no olvides que no hay nada mejor para conseguirlo que cuidar a ese artista y esos sueños que viven dentro de ti.

Y ahora que sabes que tu felicidad depende en buena parte de ti y cuentas con muchas herramientas para poder disfrutarla, puedes preguntarte: ¿Cómo deseo que sea mi vida?

NOTA PARA EL LECTOR

Si al terminar este libro consideras que te ha aportado valor, nuevos e interesantes conocimientos, y útiles herramientas para la vida, me gustaría pedirte un favor. Si te es posible, estaría encantado de que lo recomendaras o compartieras con tus seres queridos, para ayudarles también a ellos a apreciar y aprender a cuidarse. Sería fantástico conocer cómo lo pones en práctica, por lo que una acción que puede ayudarme también a mí a crear nuevas realidades como esta podría ser conocer tu opinión a través de las redes sociales.

Escuchar a mis lectores y mantener el contacto con ellos es muy importante para mí, por lo que me gustaría conocer tu opinión o recibir un comentario acerca de si este libro te ha ayudado. Por ello, estaría encantado de conocerte a través de mis redes sociales @elfindelaansiedad y @giozararri y así mejorar también ese entorno en el que vivo, ese arte de cuidarme.

En las siguientes páginas encontrarás un «Diario» con el que comenzar a diseñar tu obra personal, observando cuáles son algunos de esos trazos que pueden ayudarte a disfrutar de más felicidad. Espero que te guste y empieces a ponerlo en práctica. Estaría encantado de disfrutar también con ello, por lo que si puedes subir alguna imagen y etiquetarla #elartedecuidarte o enviármela directamente, me ayudarías a dar más color a esa obra de arte particular en la que yo también estoy trabajando.

DIARIO

Herramientas para diseñar tu felicidad y mantener a raya el sufrimiento

En este espacio podrás ejercitar *El arte de cuidarte* realizando apuntes, contrastando lo aprendido y, sobre todo, poniendo en práctica muchas de las acciones que has conocido.

En la próxima página encontrarás una gráfica donde puedes indicar tu grado de bienestar en cada una de las semanas (durante el tiempo que quieras) en que trabajarás para aumentar tu felicidad. Además, tendrás a tu disposición otro esquema donde podrás indicar cómo tu ansiedad, tu tristeza y tu rabia, o las emociones que puedan estar alterándote, disminuyen en intensidad.

Para mantener y mejorar tu actitud positiva podrás evaluar cada una de las semanas, anotando las acciones que llevas a cabo, los premios que te regalas, cómo afrontas las dificultades o cómo valoras estas nuevas herramientas.

Por otra parte, verás divididas las acciones en cada una de las categorías que hemos visto y podrás indicar con todo detalle cómo las realizas y cómo te hacen sentir, para elegir así más fácilmente cuáles son las que mejor se adaptan a ti. Para que las conviertas fácilmente en hábitos, al final del «Diario» encontrarás una sección llamada «Mis retos», donde podrás trabajar en tus acciones preferidas durante 21 días seguidos.

Debido a las reducidas dimensiones de este «Diario», te aconsejo usar lápiz y goma para poder practicar, cambiar y borrar tus propias acciones hasta que, poco a poco, vayas reconociendo algunas de las mejores herramientas para tu vida.

Te animo a que empieces a diseñar tu felicidad.

La gráfica de tu felicidad

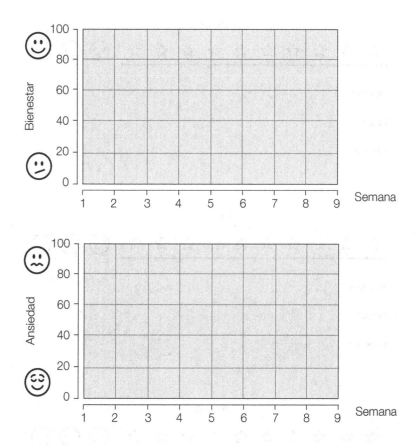

Apuntes

Aprovecha para apuntar aquí todas esas frases, ideas y aprendizajes que te ha aportado este libro. Puedes anotar la página, escribir una breve descripción, dibujar o usar colores. Tú eres el artista; por ello, disfruta mientras creas esta nueva realidad.

Registro semanal

Semana 1

☆ ☆ ☆ ☆ ☆ ☆ ☆ ☆ ☆ ☆ ☹ ☹ ☺

Acciones:

Notas:

Premio:

Semana 2

☆ ☆ ☆ ☆ ☆ ☆ ☆ ☆ ☆ ☆ ☹ ☹ ☺

Acciones:

Notas:

Premio:

Semana 3

☆ ☆ ☆ ☆ ☆ ☆ ☆ ☆ ☆ ☆ ☹ ☹ ☺

Acciones:

Notas:

Premio:

Semana 4

Acciones:

Notas:

Premio:

Semana 5

Acciones:

Notas:

Premio:

Semana 6

Acciones:

Notas:

Premio:

Semana7

☆ ☆ ☆ ☆ ☆ ☆ ☆ ☆ ☆ ☆ 🙁 😐 🙂

Acciones:

Notas:

Premio:

Semana 8

☆ ☆ ☆ ☆ ☆ ☆ ☆ ☆ ☆ ☆ 🙁 😐 🙂

Acciones:

Notas:

Premio:

EVALUACIÓN FINAL

☆ ☆ ☆ ☆ ☆ ☆ ☆ ☆ ☆ ☆ 🙁 😐 🙂

Registros de acciones

Cuerpo

☆ ☆ ☆ ☆ ☆ ☆ ☆ ☆ ☆ ☆ 🙁 🙁 🙂

Acciones:

Notas:

Premio:

☆ ☆ ☆ ☆ ☆ ☆ ☆ ☆ ☆ ☆ 🙁 🙁 🙂

Acciones:

Notas:

Premio:

☆ ☆ ☆ ☆ ☆ ☆ ☆ ☆ ☆ ☆ 🙁 🙁 🙂

Acciones:

Notas:

Premio:

☆ ☆ ☆ ☆ ☆ ☆ ☆ ☆ ☆ ☆ 😞 😐 😊

Acciones:

Notas:

Premio:

☆ ☆ ☆ ☆ ☆ ☆ ☆ ☆ ☆ ☆ 😞 😐 😊

Acciones:

Notas:

Premio:

Mente

Acciones:

Notas:

Premio:

Acciones:

Notas:

Premio:

Acciones:

Notas:

Premio:

☆ ☆ ☆ ☆ ☆ ☆ ☆ ☆ ☆ ☆ ☆   ☹ ☹ ☺

Acciones:

Notas:

Premio:

☆ ☆ ☆ ☆ ☆ ☆ ☆ ☆ ☆ ☆ ☆   ☹ ☹ ☺

Acciones:

Notas:

Premio:

Ambiente

☆ ☆ ☆ ☆ ☆ ☆ ☆ ☆ ☆ ☆   ☹ ☹ ☺

Acciones:

Notas:

Premio:

☆ ☆ ☆ ☆ ☆ ☆ ☆ ☆ ☆ ☆   ☹ ☹ ☺

Acciones:

Notas:

Premio:

☆ ☆ ☆ ☆ ☆ ☆ ☆ ☆ ☆ ☆   ☹ ☹ ☺

Acciones:

Notas:

Premio:

☆ ☆ ☆ ☆ ☆ ☆ ☆ ☆ ☆ ☆ 🙁 🙁 🙂

Acciones:

Notas:

Premio:

☆ ☆ ☆ ☆ ☆ ☆ ☆ ☆ ☆ ☆ 🙁 🙁 🙂

Acciones:

Notas:

Premio:

Mis retos

La ciencia ha demostrado que 21 días son suficientes para establecer un hábito, por ello elige la acción que más te apetezca y trabaja en ella durante 21 días seguidos. Para que sea más fácil, regálate un premio tanto a mitad como al final de tus retos y consigue establecer esta nueva herramienta en tu vida.

Día	Acción	Acción
1		
2		
3		
4		
5		
6		
7		
8		
9		
10		

Premio*		

*Premio intermedio: aquí puedes definir el que será tu premio intermedio.

Día	Acción	Acción
1		
2		
3		
4		
5		
6		
7		
8		
9		
10		

Premio*		

Notas:

Mis herramientas favoritas

Para que te sea más sencillo identificar las acciones y reacciones que mejor te hacen sentir, puede ser una genial ayuda apuntar y valorar cada una de ellas en la siguiente tabla.

Herramienta										
Protege tu cuerpo	☆	☆	☆	☆	☆	☆	☆	☆	☆	☆
Haz deporte	☆	☆	☆	☆	☆	☆	☆	☆	☆	☆
Respiración y relajación	☆	☆	☆	☆	☆	☆	☆	☆	☆	☆
Descansa mejor	☆	☆	☆	☆	☆	☆	☆	☆	☆	☆
La postura positiva	☆	☆	☆	☆	☆	☆	☆	☆	☆	☆
Protege tu mente	☆	☆	☆	☆	☆	☆	☆	☆	☆	☆
Meditación y mindfulness	☆	☆	☆	☆	☆	☆	☆	☆	☆	☆
Distracción activa	☆	☆	☆	☆	☆	☆	☆	☆	☆	☆
Visualización positiva	☆	☆	☆	☆	☆	☆	☆	☆	☆	☆
Acepta la emoción	☆	☆	☆	☆	☆	☆	☆	☆	☆	☆
Protege tu ambiente	☆	☆	☆	☆	☆	☆	☆	☆	☆	☆
Enamórate de la vida	☆	☆	☆	☆	☆	☆	☆	☆	☆	☆
Vive el presente	☆	☆	☆	☆	☆	☆	☆	☆	☆	☆
La vida lenta	☆	☆	☆	☆	☆	☆	☆	☆	☆	☆
Descubre oportunidades	☆	☆	☆	☆	☆	☆	☆	☆	☆	☆
Protege tu cuerpo	☆	☆	☆	☆	☆	☆	☆	☆	☆	☆

PARA SABER MÁS

Libros

Carlos, N. R., *Fisiología de la conducta*, Barcelona, Ariel Psicología, 1999.

Dyer, Wayne, *Tus zonas erróneas*, Barcelona, Grijalbo 2014.

Gaviria, Elena; Cuadrado, Isabel y López, Mercedes, *Introducción a la psicología social*, Madrid, Editorial Sanz y Torres, 2009.

Goleman, Daniel, *Inteligencia emocional*, Barcelona, Ediciones B, 2018.

Honoré, Carl, *Elogio de la lentitud*, Barcelona, RBA, 2017.

Verni, Ken, *Mindfulness práctico*, Móstoles, Editorial Gaia, 2016.

Zararri, Gio, 2019, *El fin de la ansiedad*, Barcelona, Vergara, 2019.

Páginas web

Álvaro, Tomás, «¿Quieres cambiar tu vida? Cambia tu cerebro», en *Cuerpo Mente*, <https://www.cuerpomente.com/psicologia/cerebro/quieres-cambiar-tu-vida-cambia-tu-cerebro_507>, 20 de noviembre de 2019.

Balaguer Port, Gemma, «Ansiedad: el porqué de los síntomas», en *Clínica de la ansiedad*, <https://clinicadeansiedad.com/problemas/introduccion/ansiedad-el-por-que-de-los-sintomas/>, 13 de septiembre de 2019.

Cabezas Gutiérrez, Esther, « Los 8 tipos de distorsiones cognitivas», en *psicologiaymente*, <https://psicologiaymente.com/inteligencia/tipos-de-distorsiones-cognitivas>, 1 de noviembre de 2019.

Cerebro triúnico», en *Wikipedia*, <https://es.wikipedia.org/wiki/Cerebro_tri%C3%BAnico>, 10 de septiembre de 2019.

«Efectos del estrés en la homeóstasis», en *Portal Educativo* <https://www.portaleducativo.net/tercero-medio/44/efectos-del-estres-en-la-homeostasis/>, 3 de enero de 2020.

«El cuarteto de la felicidad», en *BBC Mundo* < <https://www.bbc.com/mundo/noticias-39333917>, 10 de septiembre de 2019.

«Experimento del muñeco bobo», en *Wikipedia*, <https://es.wikipedia.org/wiki/Experimento_del_mu%C3%B1eco_Bobo>, 15 de octubre de 2019.

Guillamón, Noemí, «Ansiedad y drogas», en *Clínica de la ansiedad*, <https://clinicadeansiedad.com/problemas/ansiedad-y-otros/ansiedad-y-drogas/>, 3 de septiembre de 2019.

Guillamón, Noemí, «Ansiedad y ejercicio físico», en *Clínica de la ansiedad*, <https://clinicadeansiedad.com/soluciones-y-recursos/prevencion-de-la-ansiedad/ansiedad-y-ejercicio-fisico >, 3 de septiembre de 2019.

Hernández, Charo, y Gómez, Raquel, «Sueño y ansiedad: recomendaciones para dormir bien», en *Clínica de la ansiedad*, <https://clinicadeansiedad.com/soluciones-y-recursos/prevencion-de-la-ansiedad/sueno-y-ansiedad-recomendaciones-para-dormir-bien/ >, 13 de septiembre de 2019.

«Iván Pavlov», en *Wikipedia*, <https://es.wikipedia.org/wiki/Iv%C3%A1n_P%C3%A1vlov>, 1 de octubre de 2019.

Martos Silván, Cinta, «14 experimentos psicológicos con humanos muy polémicos», en *La mente es maravillosa*, <https://www.lifeder.com/experimentos-psicologicos/>, 20 de Octubre de 2019.

Reguera, Laura, «Las técnicas de distracción, grandes aliadas contra el malestar», en *La mente es maravillosa*, <https://lamenteesmaravillosa.com/las-tecnicas-distraccion-grandes-aliadas-malestar/>, 18 de diciembre de 2019.

Sabater, Valeria, «La amígdala, centinela de nuestras emociones », en *La mente es maravillosa*, < https://lamenteesmaravillosa.com/la-amigdala-centinela-de-nuestras-emociones//>, 1 de diciembre de 2019.

Sánchez, Edith, «¿Sabes cómo actúa la hormona de los abrazos?», en *La mente es maravillosa*, < https://lamenteesmaravillosa.com/sabes-actua-la-hormona-los-abrazos/>, 20 de diciembre de 2019.

«Técnicas de visualización», en *Bio consciencia* <https://www.bioconsciencia.es/tecnicas-de-visualizacion-o-imaginacion-guiada/>, 13 de enero de 2020.